IMMCP

红树林环境教育参考用书

漫步红树林

雷州半岛红树林综合管理和沿海保护项目实施办公室 编著

广东科技出版社

·广州·

图书在版编目(CIP)数据

漫步红树林／雷州半岛红树林综合管理和沿海保护项目实施办公室编著. －广州：广东科技出版社，2005.12
ISBN 7-5359-4013-7

Ⅰ.漫... Ⅱ.雷... Ⅲ.红树林－森林保护－概况－湛江市－中小学－教材 Ⅳ.G634.981

中国版本图书馆 CIP 数据核字(2005)第 110932 号

出版发行：广东科技出版社
（广州市环市东路水荫路 11 号 邮码：510075）
E-mail：gdkjzbb@21cn.com
http://www.gdstp.com.cn
印　　刷：广州伟龙印刷制版有限公司
（广州市沙太路银利工业大厦 1 栋　邮码：510507 ）
规　　格：889mm ×1194mm 1/16　7.25 印张　字数 150 千
版　　次：2005 年 12 月第 1 版
2005 年 12 月第 1 次印刷
印　　数：1～5 000 册
定　　价：68.00 元
审 图 号：粤 S(2005)048 号

《漫步红树林》编写委员会

中方主任

蔡俊欣 （IMMCP项目实施办公室）

荷方主任

Wim.Verheught（荷兰爱凯地欧洲咨询公司）

编写人员

John Howes （湿地国际）

余国培 （华东师范大学）

蔡俊欣 （IMMCP项目实施办公室）

陈粤超 （IMMCP项目实施办公室）

序

湛江市地处中国大陆最南端，海岸线长达1556千米，海湾众多，滩涂广阔，红树林湿地资源十分丰富。全市有红树林面积达7000多公顷，占广东省的80%，占全国的32%，为全国之最。

红树林是生长在热带、亚热带海岸和河口潮间带的森林群落。它能在海水浸没中生存，故有“海上森林”之美称。由于其生长分布区域的特殊性，红树林生态系统十分独特，具有开放性强、生物物种多、生产力高、生态功能效益显著等特点，在净化海水、防止赤潮、防浪护堤、培育和保护浅海生物及鸟类资源、保护生物多样性、维护沿海地区生态安全等方面具有重大意义。因此，红树林已成为世界关注的对象和环境保护的重点之一。1982年起联合国教科文组织发展计划署在全球8个国家启动了红树林保护项目；1991年国际红树林生态系统协会(ISME)在曼谷通过了《红树林宪章》；1992年6月14日联合国环境与发展大会于巴西里约热内卢通过了《二十一世纪议程》，该文献对红树林及其面临的威胁给予极大关注。此外，《拉姆萨湿地公约》、《生物多样性国际公约》等都把红树林湿地列为重要保护对象。目前红树林生态系统已成为当今世界研究海洋生态系统的四大热点之一。

目前，湛江已建立我国保护红树林面积最大的自然保护区——湛江红树林国家级自然保护区，总面积约20000公顷。鉴于该保护区的重要地位和作用，2002年1月被列入拉姆萨国际重要湿地名录，成为我国现有21个国际重要湿地之一。毫无疑问，红树林是我市不可多得的具有南亚热带特色的自然资源。保护和利用好这一珍贵资源，全面履行国际公约，是我市各级政府的责任，也是每个市民责无旁贷的义务。

湛江市各级政府十分重视红树林资源的保护和管理，采取了一系列有效措施。先后制定和颁发了《湛江红树林资源保护管理规定》等多个文件，积极开展红树林环境教育，鼓励人工造林恢复红树林湿地，建立自然保护区，加强国内和国际交流与合作并取得了可喜成果。特别是中荷合作雷州半岛红树林综合管理和沿海保护项目的启动和实施，有力推动了我市红树林湿地及海岸带自然资源的有效保护和合理利用，为沿海地区经济可持续发展作出很大贡献。

由中荷合作雷州半岛红树林综合管理和沿海保护项目实施办公室主持，中外专家及项目技术人员通力合作编著的《漫步红树林》一书，以红树林为主题，较为全面、系统、科学地阐述了红树林生态系统、生物学特性等知识及其在环境教育中的运用，指导教师和学生采用新颖、科学、有趣的方法和手段开展环境教育活动。该书提供了大量有用的环境教育信息和资源，是课堂和野外进行环境教育的好教材，是中小学教师、学生及从事红树林保护管理工作人员的必备参考用书。相信该书的出版，将有助于推动我市环境教育事业向纵深发展，有助于把湛江建设成为美丽的海滨城市。

湛江市市长 徐少华

2004年11月28日

前　言

中荷合作雷州半岛红树林综合管理和沿海保护项目(IMMCP)是中国政府与荷兰政府双边合作的环境保护项目,也是迄今为止广东省最大的林业国际援助项目。项目宗旨是保护和扩展现有的红树林地，着重提高管理人员的管理水平,建立可持续发展的鱼虾和红树林等自然资源利用模式，增强公众的环境保护意识，促进该地区自然资源合理利用和经济可持续发展。

为了更好实现项目环境教育目标,配合中小学校开展红树林环境教育活动，由项目实施办公室主持，国际、国内专家和项目技术人员通力合作共同编著了《漫步红树林》一书。本书收集、提供了大量红树林信息资源及一些有用的方法，以供教师及学生在探索红树林时参考。

本书在编写过程中得到各方面的大力支持和配合。编著者首先感谢湛江市红树林环境教育试点学校，特别是湛江第一中学、湛江市田家炳实验中学、廉江市高桥中学和湛江市东海岛德才中学。这四所学校对本书进行试用、探索和实践，并提出了许多宝贵的意见。

本书中使用了《米埔中学老师教材套》,《漫步水上森林》,《中国红树林生态系统》,《台湾红树林自然导游》,《Marvelous Mangroves in the Cayman Island》,《Mangroves: the forgotten forest between land and sea》等书中的一些插图。在此谨向这些书及图片的作者表示衷心感谢。

可以说没有中荷合作雷州半岛红树林综合管理和沿海保护项目,该书是不可能与大家见面的。本书的编写得到了项目员工及湛江红树林国家级自然保护区员工的广泛参与，特别是项目专家组长艾文先生（Mr. Edwin Teunissen）和国际专家美佳小姐（Miss Maaike Snel）对本书的编写提出了宝贵意见。同时也得到湛江市林业局、湛江市教育局、湛江市环境保护局等单位的大力支持和协助，在此一并表示衷心感谢。

由于编写时间匆促，该书难免有不妥之处，诚请同行专家和广大读者指正。

编　者

2004 年 12 月

目　　录

漫 步 红 树 林

第一篇 教师指南

MANBU HONGSHULIN

给教师的一封信

欢迎你使用这本红树林环境教育工具书——《漫步红树林》来探索红树林及其生态系统。这本书是为广东省湛江市的中小学而编写的环境教育参考教材，或称为红树林环境教育教师指南，其基本对象是湛江市的中小学教师和学生，但也可用于我国南方红树林地区的学校。本教材向使用人员提供了大量有关红树林的知识，包括它们的生物学特征，如何保护与管理红树林等。

本书以13～16岁的中学生为主要对象，只要你略加修改或补充，也能用于其他不同年龄段的人员，包括小学生、中学生、大学生和一些社会团体。

本书为中小学教师设计了一套比较完整的红树林环境教育方案，可供课堂与野外使用，目的是帮助教师更好地遵循教育部最新颁布的《中小学环境教育实施指南（试行）》的要求开展环境教育，为实施该指南提供一些必要的资料和工具，包括：

第一篇：教师指南
第二篇：教师参考页
第三篇：学生习作页

你还可以从中荷合作雷州半岛红树林综合管理和沿海保护项目实施办公室或湛江红树林保护区获得更多的资料，并与本书配套使用。这些资料包括：

一套三张的海报
一张有关红树林的光盘
一套有关红树林的塑料卡片
其他有关红树林的宣传活页

本书提供了湛江所能见到的红树林树种的背景信息，它们的生物学特征，栖息在红树林中的动物和植物，以及它们的一些重要功能和作用。本书也描述了红树林的现状——它们为什么正在不断地减少？如果丧失红树林生态系统将会产生的后果以及对人类的影响等。本书最后还涉及红树林的保护和管理问题。这将为教师、学生以及其他使用本书的人员开展红树林环境教育活动提供思路，也使青少年学生在了解红树林生态系统知识，参与宣传和保护红树林行动过程中显得更为自信和有效。

课堂知识与野外活动相结合，让学生在野外红树林区获取第一手资料十分重要，也是不可替代的。本书鼓励教师带领学生到红树林区开展野外活动，重视培养学生亲自动手的能力和体验，以此巩固与加深他们在课堂内所学到的知识。

希望你能喜爱和使用这套环境教育工具书。若你有何建议和问题，请与中荷合作雷州半岛红树林综合管理和沿海保护项目实施办公室取得联系。

如何使用红树林环境教育工具包

红树林环境教育工具包由《漫步红树林》一书和一系列与红树林有关的教育工具组成，这些教育工具包括能在课堂内使用的海报、活页和光盘。《漫步红树林》共分为三篇。第一篇介绍了工具书的内容和使用方法。第二篇为教师提供了红树林及其生态系统的背景知识及一些图片。第三篇是学生的练习页，通过引导学生开展一系列的练习和“游戏”来增强他们的环境意识，这对课内教学与野外活动均十分有用。

- **第一篇**：教师指南。目的是帮助教师规划设计课内和野外活动。通过介绍湛江红树林国家级自然保护区，为学校教师和其他人员在探索红树林时提供指导。其中有关“在红树林中能做什么和不能做什么”等内容用于指导学生在野外活动时应该遵循的行为准则，并帮助教师管理野外活动。最后一节则提供了环境教育方法等资源。

●**第二篇：** 教师参考页。它将带你走进红树林，向你介绍奇妙的红树林生态系统和生物多样性，帮助你探索红树林中的动物和植物，它们对不同寻常生态环境的适应能力，它们相互之间的关系（红树林食物链），它们的功能和价值，以及红树林资源可持续利用和保护的必要性等。同时提供了红树林的其他信息资源和一张跟踪活动的联系表格，也为你提供大量课堂活动的实例。

●**第三篇：** 学生习作页。本篇内容是第二篇内容的提炼，可使学生对红树林产生浓厚兴趣。它提供一些有关环境教育活动的素材，教师可根据实际情况有选择地采用。习作页在野外与课堂均可使用，并可复印分发给学生。

湛江红树林国家级自然保护区

湛江红树林国家级自然保护区成立于1997年，并于2002年加入拉姆萨公约，成为“国际重要湿地”，它是目前我国仅有的21个拉姆萨国际重要湿地之一。该自然保护区面积约2万公顷，由天然红树林，人工种植红树林，潮间带沙滩、泥滩以及一系列的人工和自然水道组成。该保护区将红树林面积最大及物种最丰富的区域划定为“核心区”。核心区面积6000多公顷，其中最重要的核心区之一位于廉江市高桥镇。其他重要的区域包括麻章区和东海岛之间的潮滩地带，遂溪县北潭、界炮镇以及徐闻县和安镇沿岸红树林湿地等。该保护区的红树林分布状况可查看“湛江市红树林资源分布示意图”。

湛江市红树林资源分布示意图

Distribution map of mangrove resource of Zhanjiang City

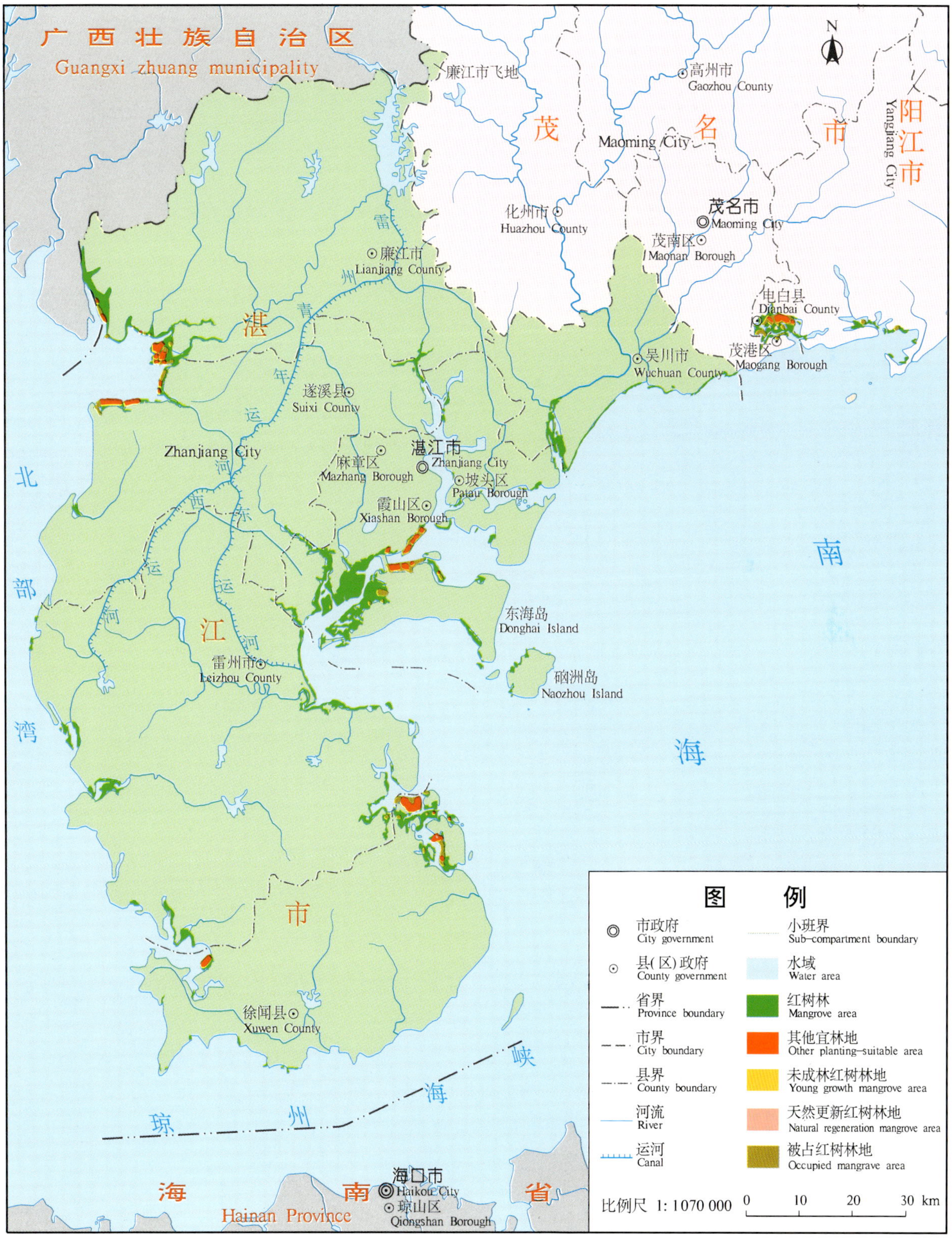

红树林自然保护区的主要功能之一是提供防护隔离带以削弱台风和巨浪的袭击和破坏。它为当地人民提供鱼、虾、蟹、贝壳类动物、软体动物等自然资源，以此增加经济收入。它也是国内与国际许多重要鸟类的栖息地。此外，红树林保护区还是环境教育和科学研究的重要基地。

参观红树林可通过湛江红树林国家级自然保护区管理局来安排，或与当地林业部门取得联系。该自然保护区将于近期建立湛江红树林宣教中心以供参观访问，为当地人民，特别是学校提供有用的环境教育资源。红树林宣教中心有专职人员与学校一起共同推动和实施环境教育工作，这本教材因此也会变得更为实用。

制订红树林野外考察活动计划

带领学生进行野外实习或者到红树林地区开展课外活动，最重要是制订一个详尽的计划并遵循一些“规则”，如在红树林区我们能做什么和不能做什么。事先做好计划将保证考察活动取得预期成效。在开展环境教育野外考察时要遵循教育部颁布的《中小学生环境教育实施指南（试行）》的精神，对不同年龄段学生提出不同的要求。以下是一张“野外活动清单”，它可以帮助教师事先安排野外活动计划。

野外活动清单

1.确立目的

确定你这次进行的野外活动的目的是什么，你打算如何将这次野外活动的收获与课堂内红树林的教学相结合。

2.与协助人员联系

如果在野外活动期间能有一位经验丰富的协助人员一起参与，学生们会有更大收获。协助人员必须了解红树林，可以在所在地区找到，方法是与当地林业部门联系，也可与湛江红树林国家级自然保护区管理机构或中荷合作雷州半岛红树林综合管理和沿海保护项目实施办公室联系，还可以与湛江海洋大学、湛江师范学院等单位联系。最理想的状况是能够邀请协助人员到你所在的班级，为野外活动的地点、日期与具体时间的安排提出建议。

3.选择野外活动的日期

选择一个晴朗的日子，同时师生与协助人员也都有空。最好是在每年2月2日的“世界湿地日”或3月12日“中国植树节”等有纪念意义的日子，也可以安排在候鸟迁徙季节。

4.选择一个合适的地点

该地点必须最适合你教学的需要。如果想学习鸟类迁徙的知识，野外活动场所一定要有许多鸟。如果想学习红树林生态系统知识，则考察的地方必须有红树林且能进入其中。选择确定一个最佳地点还不够，必须再选择另一个替代地点作为预备，预防第一地点不能实现时可以备用。此外，你还需要做好下列一些准备工作：

- 如果要去的地方不能随意进入，则要事先获得有关主管部门和红树林保护区管理机构的许可。
- 事先了解一下你要访问的地区，收集一些与该区域有关的背景信息。
- 了解潮水涨退情况，选择合适的时机，以保证能进入红树林与潮滩带，使你有机会最大限度地观赏到鸟和其他动物。

5.安排交通

保证车辆能容纳全部师生。检查车辆及其安全行驶记录，以保证交通安全。

6.确定野外活动的内容

开展野外活动前、野外活动期间以及返回后所要进行的各种活动内容都要计划好。本书提供了丰富的内容供你选择和使用。根据实际需要，也可以采用其他书报杂志上建议的内容，甚至你还可以与学生们一起自行创造设计一些活动。

7.确定活动的时间

本书提供了一张活动时间表。在制订活动时间表时要考虑如何分组，各种装备的分配和使用，路上来回的时间，实施活动的时间，以及下雨的话如何改变活动内容，同时还要安排好学生带什么食物和在哪里进行野餐等。

8.征募助手

如果可能的话你可以征募助手来协助你的活动。所征募的人员可以是其他教师，学生的父母，你的丈夫或妻子。在其他一些国家，成年人与学生的比例被认为是1：5为宜。要为你的助手提供野外活动时间表及各种要用的资料，包括在野外活动中能做什么，不能做什么等书面材料。

9.让学生明确活动的目的

要让学生们知道他们将要到哪里活动，在野外活动期间应有怎样的行为，与学生们一起讨论在红树林中能做什么和不能做什么，向学生强调不但要保证每个人的安全，而且要保证红树林及其生态环境的安全。要给每个学生一张清单，列出他们所要带的东西，包括合适的服装、鞋和其他必要的物品。

10.取得家长的同意

在许多国家，他们要求教师依法与学生家长签订允许孩子参加该项活动的“同意书”，这对学校和教师都是一种责任，也是一种保险措施。至少要保证所有学生在紧急情况时有应急措施，包括急救用药等，确保参加活动的学生能安全往返。

11.准备野外工作的装备和书籍

检查并确信有足够的用于野外活动的各种材料和书籍的复印件，保证各种技术装备（如望远镜等）能够正常使用。

12.野外活动前的课内准备

在野外活动前要确信你的学生已充分了解野外活动的背景信息，包括为什么他们要到野外去，与他们有什么关系等。推动环境保护是开展野外活动的主要目的之一，在向学生“灌输”安全意识的同时，也要强调生态安全的环境意识。教师带领学生到红树林中开展活

动可以用一句话作为简明准则:“除相片外不带走任何东西,除脚印外不留下任何东西”。具体来说要注意下列事项:

●保持安静和尊重他人。大声喊叫会使红树林中的野生动物受到惊吓。当你在保护区内,如果其他人正在观赏野生动物或其他景色,请不要打扰他们。

●树立“无垃圾”理念。这是环境教育寓意所在和重要目的之一。要让学生知道不能在红树林区乱扔纸张、烟头等任何废弃物品,而应将它们放进垃圾桶或其他指定的地方。这对于带午餐和吸烟的人员来说尤为重要。

●自觉保护动植物。在红树林区考察时,当你找到动物时请放回原处,不要将动物从一处带到另一处,因为在新的环境下也许它不能生存。不要采集动植物并将他们带回课堂,即使是木料或岩石,在观赏以后也要放回原处,因为有些动植物会生长在它们上面或在其底下生存。

●轻轻抚摸动物。红树林内许多无脊椎动物柔软而虚弱,粗手粗脚可能伤害甚至杀死它们。

●远离鸟巢。如果受到干扰,许多鸟会抛弃它们的鸟巢,或长时间不愿回来,这样被遗弃的鸟蛋或小鸟会被其他动物捕食。

●安排如厕。在进入红树林区之前让学生上一次厕所。如果在参观期间确实有人要上厕所,不要将纸张抛在红树林内,而应放在塑料袋中,并将它放进垃圾桶或其他指定的地方。

●爱护公物。不要毁坏标志牌、篱笆等公共财物。

●清洁环境。要确保红树林区在你离开时要比来参观前更为清洁。除了不留下垃圾外,尽量多带走原有的垃圾,以帮助清洁环境。

●回头看几眼。在离开红树林区前,花点时间评价一下考察访问的影响,鼓励学生们问问自己“这里与我们来参观前同样美丽吗?”

野外活动时间表

学校名称：……………………………………

学校地址：……………………………………

联系电话：……………………………………

传真：……………………………………

野外活动地点：湛江红树林宣教中心和特呈岛

野外活动日期：

时间安排表

时间	活动内容
08：00	乘车从校门口出发，约 45 分钟可到达红树林宣教中心
09：00-10：30	由保护区专职人员介绍情况，包括： ●观看有关红树林和湛江红树林国家级自然保护区的录像（10 分钟） ●观看红树林宣教中心的展览和海报等（20 分钟） ●介绍野外活动的内容（15 分钟） ●沿红树林专设通道进入红树林（15 分钟）
11：00	乘船 20 分钟到达特呈岛。在乘船时让学生观鸟和观看其他野生动物，也可观察水质或水中漂浮垃圾的数量。这些内容回校后可用于课堂讨论

（续表）

11：30	在特呈岛红树林区进行考察
12：00-13：00	午餐
13：00-15：00	介绍今天野外活动的内容，并将学生分成两组学生完成野外作业
15：00-16：00	在教师指导下由学生进行讨论
16：00	上船回到红树林宣教中心，再乘车回校，到达学校的时间大约为 17：00

跟踪活动

一次野外考察除准备工作、野外活动外，跟踪活动也是一个十分重要的组成部分。充分利用野外活动后学生还处于“兴奋状态”时开展一系列跟踪活动，会使该活动收到最佳效果。以下是供教师选用的跟踪活动的一些内容：

生态足迹教育

（供高年级使用）

从1972年斯德哥尔摩人类环境会议到2002年约翰内斯堡的可持续发展首脑会议，是人类历史上不平凡的30年，是人类理性又一次觉醒和复苏的30年，是人类从工业文明走向绿色文明的30年。尤其是1992年里约热内卢联合国环境发展大会后，可持续发展战略在世界范围内取得广泛共识，社会发展已逐步由传统单纯追求经济高速发展的“高消耗、高污染、低效益”模式转向积极推进经济、社会、资源、环境协调发展的可持续发展战略。生态足迹的意图从生态承载能力与人类消耗自然的数量来衡量我们所走过道路的成就与问题。生态足迹的环境教育就是应用这一简明概念所设计的环境教育活动。

1．人类的生态足迹：讲解及阅读材料

无论是个人还是社团和国家，他们要消耗自然的产物和服务，就会对其赖以生存的地球产生一定的影响。他们对生态的影响与他们为了生存而占有的自然总量相对应，这也是生态足迹的基本出发点。由于生活方式与生活水平不同，以及所应用技术和原始材料不同，每个人所消耗的自然总量有一定的差异。生态足迹是人们所消耗的每种消费品的生物生产面积的总和，也就是向我们表明了各个国家（地区）使用了多少资源，将其与自然生态所能提供的生态服务之间的差距进行对比，如果是正值，也就是说自然界能够对人类提供的服务大于人类对自然资源的消耗，则表明自然生态不会因此而受到严重影响，是可持续发展的。如果是负值，也就是说人类对自然的消耗量大于自然所能提供的服务，则表明人类对自然的压力大于自然的承载能力，自然生态便会受到一定程度的破坏，是有悖于可持续发展的。

有关专家对52个国家（地区）进行了生态足迹的计算。这52个国家（地区）的人口占世界人口的80%，GDP占世界的95%，因此具有很强的代表性。计算结果表明，全球人均生态足迹赤字1993年为－0.7公顷，1997年为－0.8公顷。这52个国家（地区）中有17个国家（地区）生态足迹是盈余，35个国家（地区）生态足迹是赤字。表1和表2分别列出了部分国家（地区）的生态足迹的数值。

表1　生态足迹大于1.0的国家（地区）

单位：公顷/人

国家（地区）名称	生态足迹需求	生态足迹供给	生态足迹盈余
澳大利亚	9.0	14.0	5.0
巴西	3.1	6.7	3.6
加拿大	7.7	9.6	1.9
哥伦比亚	2.0	4.1	2.1
芬兰	6.0	8.6	2.6
冰岛	7.4	21.7	14.3
印度尼西亚	1.4	2.6	1.2
新西兰	7.6	20.4	12.8
秘鲁	1.6	7.7	6.1
瑞士	5.9	7.0	1.1

表2　生态足迹小于－1.0的国家（地区）

单位：公顷/人

国家（地区）名称	生态足迹需求	生态足迹供给	生态足迹赤字
比利时	5.0	1.2	-3.2
埃及	1.2	0.2	-1.0
德国	5.3	1.9	-3.4
希腊	4.1	1.5	-2.6
中国香港	5.1	0	-5.1

（续表 2）

国家（地区）名称	生态足迹需求	生态足迹供给	生态足迹赤字
匈牙利	3.1	2.1	-1.0
以色列	3.4	0.3	-3.1
意大利	4.2	1.3	-2.9
日本	4.3	0.9	-3.4
约旦	1.9	0.1	-1.8
韩国	3.4	0.5	-2.9
墨西哥	2.6	1.4	-1.2
荷兰	5.3	1.7	-3.6
波兰	4.1	2.0	-2.1
俄罗斯	6.0	3.7	-2.3
新加坡	6.9	0.1	-6.8
南非	3.2	1.3	-1.9
西班牙	3.8	2.2	-1.6
泰国	2.8	1.2	-1.6
英国	5.2	1.7	-3.5
美国	10.3	6.7	-3.6
委内瑞拉	3.8	2.7	-1.1
全球	2.8	2.1（1997年为2.0）	-0.7（1997年为-0.8）

2、全球足迹活动

根据以上讲解与阅读材料，分小组展开活动，也可进行大组交流。活动提纲为：

（1）我们生活需要什么？这些资源来自何处？

利用大脑风暴法讨论有关我们生活需要什么和这些资源来自何处，这些资源是可再生的还是不可再生的等话题。例如水、食物、居住，以及基于社会及感情的需要。

（2）利用表1及表2，依次排列出世界上人均生态足迹盈余最大和生态足迹赤字最大的10个国家，并分析其原因与影响。

（3）我们的足印在哪里？

我们可以在地球表面上做各种不同类型的事情，如建造房屋、道路，种植农作物，绿化等。我们也有不同的消费与生活方式，我们在地球上留下了什么样的足印呢？

（4）了解一下你所居住的地区近30年来发生了什么变化。从经济、社会、自然、环境各方面分析其有利于与不利于可持续发展的内容。

（5）如何减少我们的足印？

这里会有很丰富的内容，如节约用水、用电，废物回收，改变饮食习惯等。如果有可能，可以开展“地球脚步”的游戏。通过网站“Best Food Forward”提供的方式，让学生计算如果人类像他们那样生活，需要几个地球。也可以用一个地区的足印来分析怎样利用与分配地球资源才是合理的。

3、生态足迹的启示——小结与体会

（1）要实现可持续发展还需要不断努力。

自1987年世界环境与发展委员会（WCED）提出可持续发展的思想和1992年有100多个国家首脑签署了里约热内卢宣言以来，可持续发展战略在世界范围内取得了广泛共识，在官方的文件中几乎无一不强调可持续发展，但我们的人均生态足迹赤字世界平均值从1993年的－0.7公顷升至1997年的－0.8公顷，并有不断负增长的趋势。也就是自里约热内卢

宣言发表后的十余年内，在大力贯彻可持续发展战略的同时，我们生活的地球的生态灾害却更为严重——人口不断增长，消费和废物增加，贫困人口不断增长，战争连绵不断，与此同时生物多样性、森林面积、可利用的淡水资源等不断减少，臭氧层的空洞不断扩大，人类离可持续发展道路相距甚远。可持续发展要真正成为现实，也许还需要几代人的共同努力！

（2）我们只有一个地球。

在所统计的52个国家中，有35个国家即三分之二的国家生态足迹是赤字。在这些国家中人均生态足迹赤字最为严重（小于－3.0公顷）的国家依次为新加坡、比利时、美国、荷兰、英国、日本、德国和以色列。生态足迹需求最大的10个国家依次为美国、澳大利亚、加拿大、新西兰、冰岛、新加坡、俄罗斯、芬兰、丹麦和瑞士。美国人均生态足迹需求为10.3公顷,为全球人均生态足迹需求的3.7倍，其人均生态足迹赤字为－3.6公顷。美国约2.7亿人口，其对全球生态的负面影响是巨大的。如果全世界都按照美国的生活方式和生活水平来生活，人类需要四个地球才行！

我们只有一个地球。从国家与地区的角度看，一个国家的生态足迹赤字就是使用了别国的自然资源！从全球的角度看，生态足迹赤字是在盗用下一代的生态资源！

（3）中国的生态足迹。

中国的人均生态足迹需求为1.2公顷，是世界人均值的43%，而其人均生态足迹供给为0.8公顷，为世界人均值2.1公顷的38%，因此我国人均生态足迹赤字为－0.4公顷。我国的人均生态足迹需求虽然不大，但人均生态足迹供给也不高。考虑到中国约有13亿人口，近年来人民生活水平与消费水平均有很大程度的提高，其影响也应受到充分重视。

（4）要珍惜我们的每一寸土地。

为加深学生的理解与印象，可以拿一个苹果比作地球，将苹果分成四份，然后再分成八份进行演示。

● 地球表面上有四分之三为海洋，四分之一为陆地，也就是说我们只剩下四分之一的苹果了。

● 陆地上约有一半是荒漠、冰川和按目前生产水平尚不能生产作物的土地。那么我们就只剩下八分之一的苹果！

● 我们所能利用的仅为地球的表层，小心地将八分之一苹果的表皮削下来，这一层薄薄的皮就是我们所能利用的陆地部分！因此我们要珍惜每一寸土地。

我的 “脚印” 有多大

（供低年级使用）

我们的日常生活离不开大自然给予的恩赐，每个生存在地球上的人都要向大自然索取。如果我们的索取小于大自然所能给予的恩赐，便是可持续发展的；反之便是损害了我们的环境，那就不可以持续发展了。向大自然的索取便是我们在地球上留下的脚印，科学家将它称为生态足迹，我们索取得越多，留下的脚印便越大。

据统计，美国人现在的生活方式需要人均生态足迹为10.3公顷的土地，这相当于25个足球场的大小，为全球人均生态足迹需求的3.7倍，是中国人均生态足迹需求的9倍左右！

大自然能否承受如此沉重的负担呢？按现在的水平，大自然所能提供的世界人均生产性土地为2.2公顷。到2050年全球人口增至100亿时，这一数据将降至1.2公顷，这还不包括还要容纳的几千万种其他的生物！

你的脚印有多大？如何通过节约资源来缩小你的脚印？教师可以采用“要珍惜我们的

每一寸土地”的苹果演示来增强学生的认识。

我的金字塔

在红树林野外活动后，可列出以下14点体会，认为最重要的排在前面，将序号填入以下空格中，排成金字塔。你的金字塔是如何排列的呢？

1. 红树林并不是红色的树林
2. 红树林有那么多的气根
3. 红树林生物多样性太奇妙了
4. 和同学们一起到郊外游玩真开心
5. 懂得了红树林是那么有用
6. 红树林会在海水中生长，真是不可思议
7. 我一生都要重视环境保护
8. 外面的世界真奇妙
9. 懂得了什么叫生物多样性
10. 从来没有看见过那么奇异的自然美景
11. 要学的东西实在太多了，我今后一定要努力学习
12. 同学们的相互配合是圆满完成这次野外考察的重要保证
13. 我要与爸爸妈妈再去一次
14. 其他

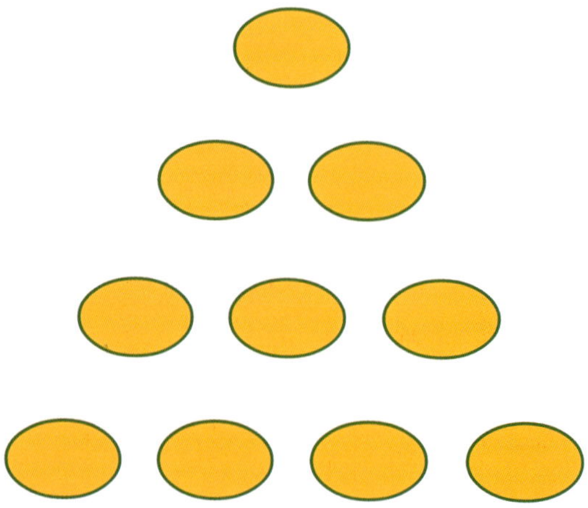

辩论会——红树林值得保护吗

将学生分为两组，一组为正方，强调保护红树林的重要性，另一组为反方，说出不必要保护红树林的理由。双方进行辩论，最后教师进行小结。辩论会前教师可以提早一星期布置，让双方可以通过各种方式寻找所需的论据。

想有更多的发现吗

英特网上有一些有价值的环境教育资源，并可免费下载。

●环境澳大利亚（Environment Australia）有一个很精彩的环境教育网页，可免费下载许多有用的教学资源和工具，网址为：http://www.ea.gov.au

该网站还有关于海岸带和栖息地（包括红树林）保护的网址，其内容包括一系列的教学模块，如“野外工作介绍”、“有关植物的野外工作”、“有关河口的野外工作”、“课堂活动”、“利用海岸带环境开展游戏”以及“环境伦理活动”等等。

●"探索河口与奇妙的湿地——教师资源指南"资料包可以在加拿大的网站上获得，网址为：http://www.bcwetlands.com

●“新加坡红树林指南”（具有许多与湛江相同的红树林树种）的网址是：http://mangrove.nus.edu.sg/guidebooks

●IUCN 教育与通讯委员会有精彩的环境教育资源，在其网站上有许多案例和论点，网址为：http://www.iucn.org/cec

以下罗列出其他中英文网站供访问时选择。

中文网站：

http://www.cmtravel.com.cn

http://www.nre.com.cn

http://www.envir.online.sh.cn

http://www.wildlifewarden.net

http://www.green-web.org

http://www.environinfo.org

http://www.fon.org.cn

http://www.ep.net.cn

http://www.wetwonder.org

英文网站：

http://www.iucn.org

http://www.wwt.org.uk

http://www.wcmc.org.uk

http://www.wetlands.org

http://www.environinfo.org

http://www.wateryear2003.org

http://www.ramsar.org

http://www.partnersinflight.org

漫 步 红 树 林

第二篇 教师参考页

MANBU HONGSHULIN

红树林简介

什么是红树林

●红树林具有共同的特点——它们是惟一能在海洋的潮滩上生长的树木。红树林与潮滩上的泥质、沙质滩地，珊瑚和水草一起，构成了海洋生态系统的一个重要组成部分。

●红树林是一个高产出生态系统，它非常适宜各种鱼、虾、蟹和无脊椎动物（如蚌、牡蛎、贻贝等）生长繁殖，这些动物均可以被人们采集和食用。与此同时红树林也为一些稀有鸟类、哺乳动物和爬虫等提供栖息地。

●红树林的另一个很特别的地方是它能生活在咸水环境中，每天高潮期间它浸没在海水中，故有“海上森林”之称，这使其成为地球上最有趣的森林生态系统。

●在台风来时红树林为我们提供防御强风浪的最后一道防线——它保护了我们的海岸、农田、鱼塘和村庄等。

●所有的红树林均有一个共同的使人惊讶的能力，那就是生长在其他大多数树木不能生存的地方。红树林仅在狭小的海陆交界并有咸淡水交汇的地方生长繁殖。这些区域对于其他树木来说往往会感到温度太高、盐分太高、过分潮湿和风力太强而难以存活，而红树林则十分喜欢这种环境并能生存下去。当然红树林在盐分过高时也会死亡。

●大多数红树林的根系发达，可以在松软的、被水浸透而缺氧的泥地中生存，但每一树种的适应范围和生长区域不同。你可以从本书中发现这些令人惊奇的适应能力。

哪里可以找到红树林

在热带和亚热带的沿海地区可以找到红树林。它们喜欢受到庇护和相对风平浪静的地方，如海湾和河口地区红树林通常是很丰富的。红树林不仅需要咸水，也需要淡水，所以河口是红树林生长的重要区域。大多数红树林生长在热带，特别是在东南亚如印度尼西亚、马来西亚、泰国和菲律宾等，从热带向北和向南进入亚热带地区红树林则逐渐减少。红树林分布的最南端是在澳大利亚北部和新西兰，而其最北端是在我国的福建省和台湾省（见下图）。

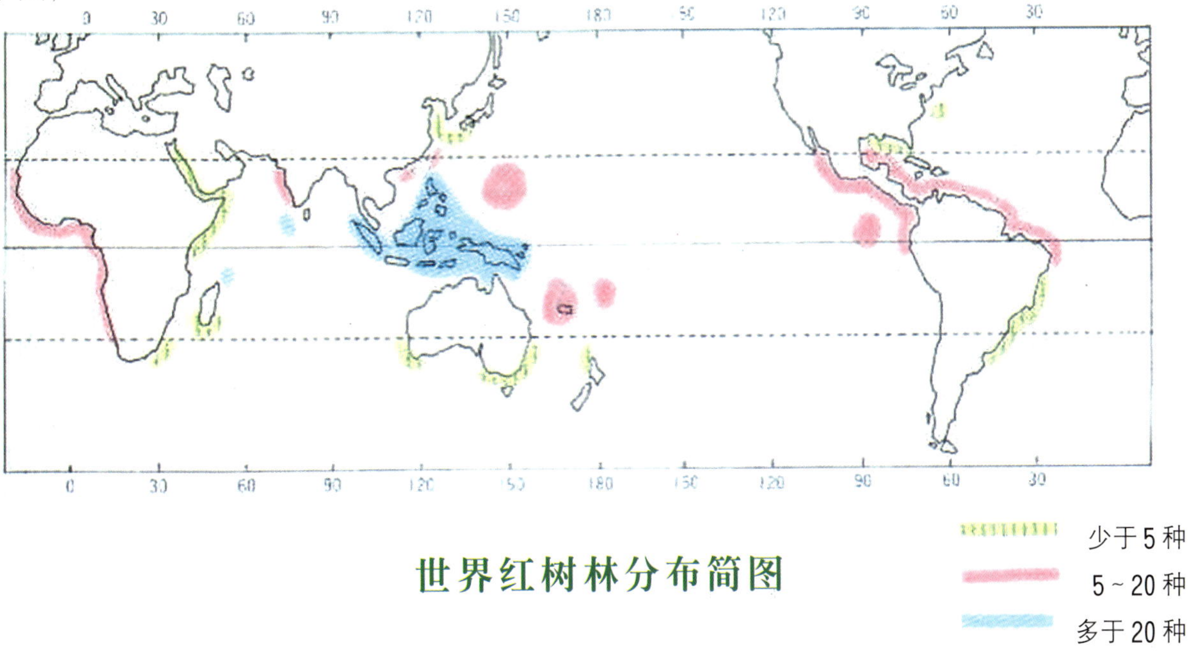

世界红树林分布简图

在红树林生长的最南端和最北端，由于气温相对较低，红树林不仅面积小，而且种类少，树也比较矮小。在亚洲的热带地区红树林的种类多达60余种，树高可达25米，而在我国的南方，红树林只有20多种，树高一般仅有3～4米。世界上印度尼西亚的红树林最多。主要红树林国家红树林面积情况如左图。

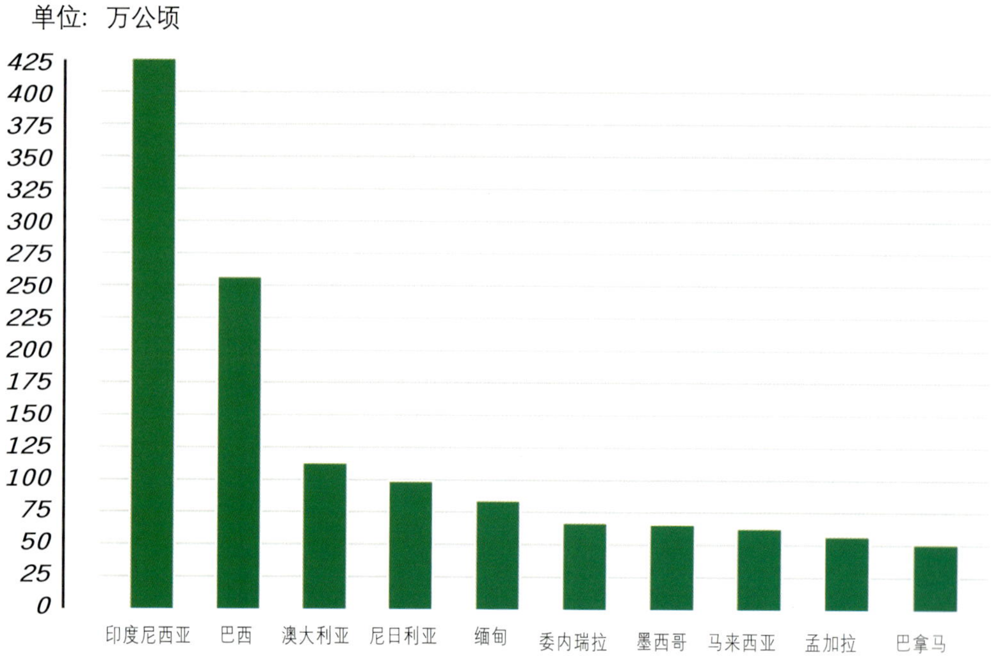

世界主要红树林国家红树林面积示意图

红树林不是荒地

尽管红树林具有很高的经济、社会和生态效益，但在世界范围内红树林却正在急剧减少，并已达到警戒程度。在许多国家红树林被视为“荒地”而无视其对人类的价值，结果红树林生长区域被其他用途所占用。沿海的红树林被开垦作为农业用地，如农田、鱼塘和虾塘，有的变为工业用地和居住用地，也有用作为港口或发展其他项目。

20世纪50年代以来，我国红树林已减少了约45%。根据2001年全国红树林资源调查资料，目前在我国南方仅存的红树林面积为22 800多公顷，其中广东省的面积最大为9 084公顷，广西8 375公顷，海南3 930公顷，福建615公顷，香港和台湾各约400公顷。

我国南方各省（区）现有红树林所占比重如下图所示：

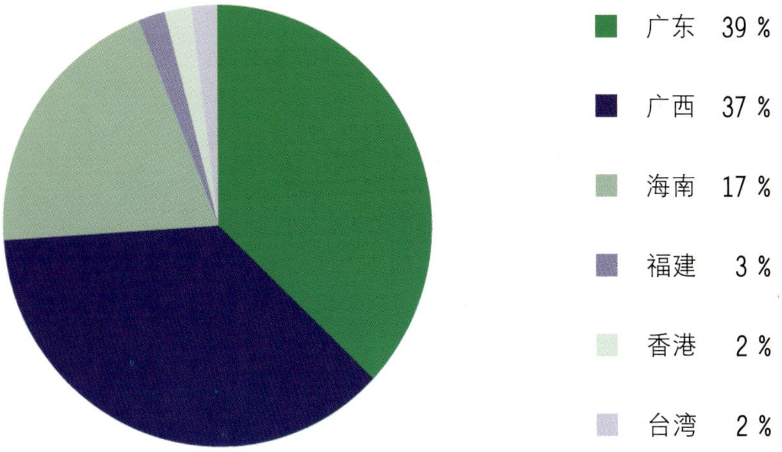

在最近的几十年，许多国家也损失了大量的红树林。从下图可以看到新加坡（损失74%）和菲律宾（损失 69%）比中国的情况更为严重。印度尼西亚（损失 48%），哥伦比亚（损失 36%）和美国（损失 37%）的情况与我国大致相同。红树林保护做得最好的国家是古巴（损失 6%）和孟加拉（损失 14%）。

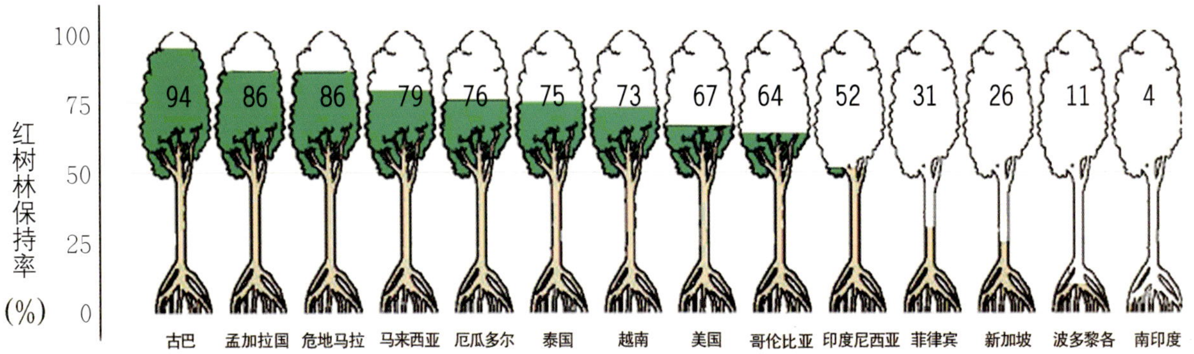

	古巴	孟加拉国	危地马拉	马来西亚	厄瓜多尔	泰国	越南	美国	哥伦比亚	印度尼西亚	菲律宾	新加坡	波多黎各	南印度
	1969-1989	1963-1990	1965-1978	1979-1986	1966-1989	1961-1993	1969-1973	1958-1983	1976-1989	1969-1986	1968-1995	1922-1989	1930-1985	1911-1989
估计原来面积	476.000	685.000	58.000	113.000	235.000	300.000	425.000	260.00	480.000	4.220.000	448.000	700	26.300	70.000
目前红树林面积	448.000	587.000	50.000	89.000	177.500	219.200	286.400	175.00	307.000	2.176.000	140.000	180	3.000	250

值得注意的是没有一个国家报道说他们国家的红树林面积有所上升！在世界范围内红树林面积正在减少，需要我们去保护。

湛江的红树林物种

在湛江红树林国家级自然保护区有24种红树和半红树树种，它们为生物学和植物学研究提供了理想的场所，因为它们相对容易区别，无须花费太多时间便能较容易地识别所有主要的树种。在野外考察期间，教师和学生可应用下列素材来识别红树林树种。

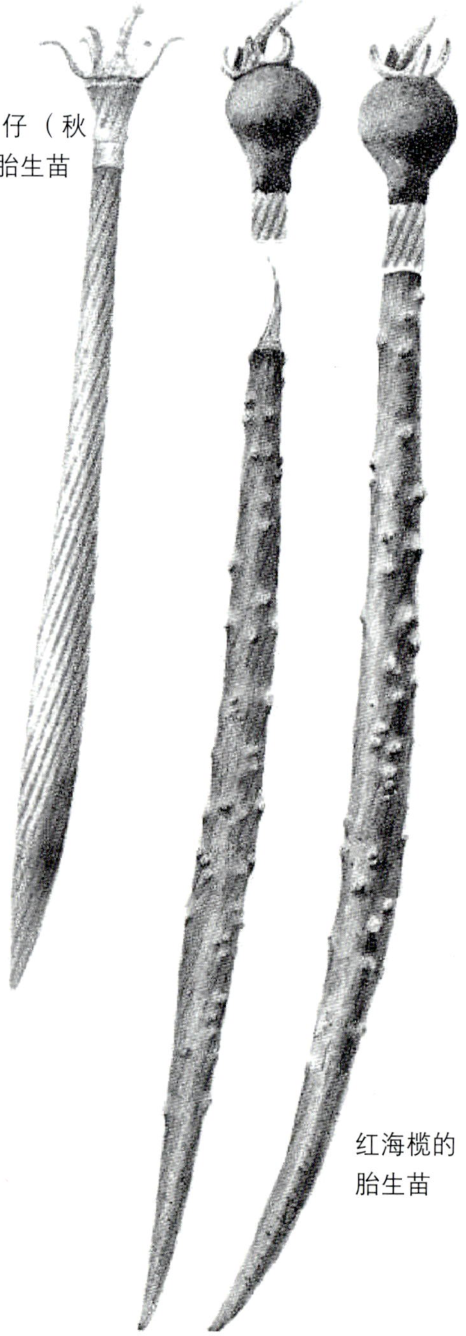

水笔仔（秋茄）胎生苗

红海榄的胎生苗

在湛江有三种常见的红树林树种属于同一科，称为红树科。如同人类家族一样，在自然界中同属一科的树种具有相同的特征。所有红树科的成员具有相同的悬挂繁殖体或果实，这种果实称之为胚轴，有的树种的胚轴很小，长度不到6厘米，也有的长约100厘米！

左图显示了红树科“胚轴”的特征。图中左边是秋茄的果实，右边是红海榄的果实。

不少红树林树种具有一个有趣的现象，就是它们的果实附着在树上时便已经发芽，当果实下落到泥土中后，便能马上长出叶子和根系。这种独一无二的适应能力使其果实具有一种生命从"头部"开始的特性——使下垂的果实在下落时能立即在松软的泥土中固定下来，开始光合作用和生长过程，因而它们的生存机会高于没有此类适应能力的树种。以下的图式表达了这一过程。

胎生苗的成长过程

大多数红树林树种能从其果实、花和根系的结构来识别。在野外考察过程中以下的图片和说明是很有用的。

首先让我们来认识一下红树科树种。在湛江红树林中，红树科有四个典型的树种，它们的花、果实和根系的结构具有不同的特点，很容易将它们区分开来。

科名：红树科

学名：*Rhizophora stylosa*

中文名称：红海榄

主要特征：

◆有大量的"支柱根"。

◆在湛江此类"支柱根"是独一无二的。

◆花呈白色羽毛状。花被坚硬的四瓣花萼所包围。

◆2~3朵花成一组长在同一果枝上。

◆果实长而细(可有0.5米长)。

◆果体上有许多疣状突起，顶端有球状"皇冠"。

◆湛江没有其他的红树林树种具有如此长的果实。

其他特征：红海榄形成中等稠密群落（高度在3~5米之间）。在湛江有红树林生长的地方红海榄是比较高的，由于它有稠密的支柱根，很容易识别。

科名：红树科

学名：*Bruguiera gymnorrhiza*

中文名称:木榄

主要特征:

◆果实短而粗，上有纵棱，长度8～12厘米。

◆果实头部有红色花萼，像皇冠。

◆特征：花萼呈10～12裂片状，红色或粉红色。

◆花隐蔽在花萼内。

◆树干呈圆锥体，便于支撑树体。

◆漆状呼吸根常见于树基部周围。

其他特征:木榄在湛江红树林中是一种常见的树种，通常生长在高潮线附近或靠岸处，在廉江市高桥等地分布广泛。该树种长得很快，成年树可高达8米，具有鲜艳的红色花萼，是很容易识别的树种。

科名：红树科

学名 *Kandelia candel*

中文名称：秋茄

主要特征：

◆每朵花有 5 片白色花瓣。

◆花瓣长而内弯。

◆花药在授粉后干枯，呈棕红色。

◆果实中等长度（在 8～15 厘米之间），细长且略为弯曲。

◆果实通常呈绿色，局部呈浅红色。

◆果实持有向内弯的浅黄色花萼，像一顶皇冠。

◆基部有许多“板状根”，外表像有许多条辫子。

◆树干多呈桔黄色，上有许多深黑色的节瘤。

其他特征：秋茄在湛江红树林中也是一种常见的树种，并被广泛地人工种植。天然生长的秋茄树可高达 6～8 米。

科名： 红树科

学名：*Ceriops tagal*

中文名称：角果木

主要特征：

◆果实短而细，长6～10 厘米，通常微微弯曲。

◆果实具有棕色的“星形”花萼。

其他特征：角果木在湛江非常少有，仅在徐闻县曾有过记载。角果木通常比较矮小，仅能达到3～4米高。它有小白花，与众不同的星形花萼，根部有许多支根。目前在雷州市的流沙港和企水湾有记录。

以下简述湛江其他科属的红树林树种。主要有马鞭草科，紫金牛科，海桑科和使君子科等。

科名：　马鞭草科

学名 ：*Avicennia marina*

中文名称：白骨壤

主要特征：

◆果实是心形球状，浅绿色。

◆果实 3～5 个成簇长在同一果枝上。

◆花朵具有蜡状外表，偏小型，桔黄色。

◆有许多从泥地往上伸展的指状气根（呼吸空气的根）。

其他特征：在湛江，白骨壤是常见的树种，通常生长在红树林向海的前缘，有“先锋树种“之称。它通常形成低矮而密集的灌木群落，高度一般不到 3 米。在一些区域如特呈岛，天然的白骨壤树龄达 200 年，树高达 5 米。

白骨壤能适应盐度很高的海洋环境，它能通过树叶直接将盐的结晶体排泄出体外——很少植物具有这种性能。

科名：紫金牛科

学名：*Aegiceras corniculatum*

中文名称：桐花树

主要特征：

◆单个果实呈香蕉状，成簇的果实呈爪状。

◆串状小白花，花药突出。

◆没有气根（空气呼吸根）。

◆生长稠密，茎干通常呈深褐色，细小而稠密。

其他特征：在湛江地区，桐花树通常生长在红树林区离海最近的前沿或离海较远的边缘地带。在大部分红树林地区均能看到，形成低矮而稠密的灌木丛，高度一般小于 3 米。它与白骨壤一样，都属于先锋树种。

桐花树与白骨壤相似，也能通过树叶直接排出晶体状的盐分。它的花朵芬香甜蜜，是蜜蜂采蜜的重要蜜源，因而这个树种对湛江蜂蜜生产厂家来说是很重要的。

科名：大戟科

学名：*Excoecaria agallocha*

中文名称：海漆

主要特征：

◆“坚果”由3个半球形合生而成，多个“坚果”组成果串，呈谷穗状。

◆花穗长而直立，雄花和雌花异株。

◆叶子成熟时变为红色并下落，树体看上去很光秃或像已死亡，这种特征在湛江红树林中是独一无二的。

其他特征：海漆通常生长在高潮线附近区域的红树林边缘。它不会独自构成一片树林，通常是单棵或一小群沿着淡水河渠、海沟两岸或海岸线附近生长。它能长成中等大小约3～7米高的树。

这个树种有一个非常独特的特征，当折断时，它的叶子和根茎会渗流出稠粘的白色乳液。这种白色乳液会刺激皮肤和损伤眼睛，可使人一时失明，因此当你接触它时要特别小心。

科名： 海桑科

学名：*Sonneratia apetala*

中文名字：无瓣海桑

主要特征：

◆花乳白色，具有斑点和4个坚实花萼裂片。

◆夜晚开花，由蝙蝠和蛾虫传送花粉。

◆树叶长而薄。

◆幼树呈直立姿态，成年树有一个非常"开阔"的树冠，枝条下垂。

◆大束小而圆的果实并具有星状的花萼。

◆纤细而挂满一束束果实的果枝通常直接从树干上长出。

其他特征：无瓣海桑是由孟加拉引入我国海南省再引种到湛江的。它能长成10余米高的大树，这个生长快速的树种现在已广泛生长在河口地带，在那里它的繁殖尽管可能威胁到天然红树林树种的生长，但它仍然被栽植，特别是在廉江市高桥可以看到生长了多年的和新栽植的无瓣海桑。

与无瓣海桑类似的海桑（*Sonneratia carseolaris*）也已引种到雷州半岛地区，这种树没有无瓣海桑坚硬，其差别还包括：

- 树叶比较尖且具有红色叶柄。
- 束状果实比无瓣海桑稀少。

科名： 使君子科

学名：*Lumnitzera racemosa*

中文名称：榄李

主要特征：

- 小果呈绿色圆锥形，顶端是尖的。
- 叶长圆形（棍棒形），质地较厚。
- 叶的顶端有一个小的槽口。

- 花小，白色，呈星状，具有5片花瓣，白花呈簇状生长。

其他特征：榄李在湛江红树林的边缘地带是十分常见的。它较低矮，很少高于3米，在其他一些主导树种内分散生长。

科名：爵床科

学名：*Acanthus ilicifolius*

中文名称：老鼠簕

主要特征：

◆树叶顶端呈尖塔形，叶边缘呈锯齿状。这在红树林树种中是不多见的。

◆果实如坚果，呈绿色。

◆花簇长成穗状，花瓣紫色。

其他特征：老鼠簕能在湛江红树林近岸的边缘处找到。在许多河口入海处会发现一些低矮的老鼠簕灌木丛，很少高于1.5米。

与其非常相似的小花老鼠簕（*Acanthus ebrecteatus*）也能偶尔在湛江红树林区看到。两者之间的主要差别是小花老鼠簕盛开的花是白色，而不是紫色（见右图）。

科名： 卤蕨科

学名：*Acrostichum aureum*

中文名称：卤蕨

主要特征：

◆大量成群的卤蕨生长在红树林区的高地上。

◆叶子基部圆而顶端尖。

◆树叶茂盛，上有棕红色的孢子。

其他特征：卤蕨也许是湛江红树林中惟一的蕨类植物，它沿红树林区的边缘和潮沟的两侧生长，也有的在人工养殖的鱼、虾池塘边生长。在一些地区会因为它生长茂盛以至抑制了其他红树林种子的繁殖。

科名：夹竹桃科

学名：Cerbera manghas

中文名称：海芒果

主要特征：

◆果实像芒果状，大而圆，未成熟时呈绿色，成熟后变红色，果实内有纤维状“外壳”，通常沿高潮线海岸边生长。

◆大白花中央有桔黄色花冠

其他特征：海芒果通常靠红树林内缘沿岸边生长，特别是河口入海处。由于花果很美也常被种植在道路两旁。树高中等，树叶和树干与人工栽培的芒果树很相似。

科名：锦葵科

学名：*Hibiscus tiliaceus and Thespesia populnea*

中文名称：黄槿和杨叶肖槿

主要特征：这两种十分相似的树种均有与众不同的大黄花，花长在树上的时间很短，传播花粉后便枯萎和掉落。它们通常生长在红树林内缘处，特别是沿淡水河渠两侧。在沿海的村庄及其周围常被广泛地人工种植。要区别这两种树种最重要的是看它们的叶子：两者的叶都是心形，但黄槿的叶浑圆而杨叶肖槿则是尖角形。

黄槿（*Hibiscus tiliaceus*）

◆浑圆心形的树叶。

◆树叶柔软带有模糊不清的纹理，在叶脉的底部没有粉红色的斑点。

◆大黄花中心呈淡红或紫酱色。

杨叶肖槿（*Thespesia populnea*）

◆尖角心形的树叶。

◆树叶暗绿和有明显淡黄色纹理。

◆叶脉的底部有明显粉红色的斑点。

◆黄花中心呈淡红色。

科名： 梧桐科

学名：*Heritiera littoralis*

中文名称：银叶树

主要特征：

◆果实深褐色，像干果一样有坚硬外壳，沿果实的一边有很明显的船形“龙骨线”。

◆可以在高潮线附近找到它。

◆花束细小难以辨认。

◆每朵花有坚硬、多毛和绿色的花萼。

其他特征：银叶树在湛江是很少见到的树种，目前也许只有在一直保护得很好的红树林地区和尚未开发的红树林内陆边缘才可以找到，要知道以前该树种是分布很广泛的。

湛江红树林的其他物种

进入湛江红树林，将会发现所见到的树种比上面所说的要多。这些红树林植物同样具有海岸带的特征，尽管沿海水域和土壤的盐分很高，但它们同样能够忍受！可用下面的照片来认明这些植物。

学名：*Clerodendron inerme*

中文名称：假茉莉

描述：属马鞭草科植物，沿潮沟和红树林内陆生长的低矮灌木。有显眼的白花，每朵花有4根红色细长的雄蕊。

学名：*Casuarina equisetifolia*

中文名称：木麻黄

描述：树体高大，像针叶树，通常生长在海岸沙质土壤上或临近红树林区地势较高的沙滩上。

学名：*Pluchea indica*

中文名称：阔苞菊

描述：属菊科低矮草本植物，有与众不同的花朵，呈浅粉红到紫红色，微微展开的树叶呈淡灰色到绿色。在湛江地区沿沟渠和鱼塘边生长。

学名：*Sesuvium portulacastrum*

中文名称：海马齿

描述：属番杏科匍匐草本植物，有与众不同的肉质叶子，浅红色的根和粉红色的小花。在湛江地区的海滩、海沟和鱼塘边均有生长。

学名：*Ipomoea pescaprae*

中文名称：厚藤（二叶红薯）

描述：属旋花科匍匐草本植物，有独特的心形叶和紫红色的大花，清晨开花午后凋谢。在湛江地区的海岸和鱼塘边均有生长。

学名：*Scaevola hainanensis*

中文名称：海南草海桐

描述：属草海桐科低矮的灌木，具有明亮的绿叶和中等大小的白花。在湛江地区一般生长在沙质土壤上，特别是在沙滩的脊部。

学名：*Pongamia pinnata*

中文名称：水黄皮

描述：属蝶形花科植物，花白色或淡紫色，豆状；果实豆荚状，大小 2 厘米× 6 厘米，含有一颗种子。

学名：*Derris trifoliata*

中文名称：三叶鱼藤

描述：属蝶形花科藤状红树林植物，有 5 瓣椭圆形叶子；花白色或粉红色，长垂吊钟形；果实呈圆形扁豆荚状。

红树林树种的地域分布

无论在哪里，红树林各树种都会占据各自不同的区域，具有地域性分布的趋势 —— 不同的树种或种群形成明显的地域性。你想过这是什么原因吗?

造成这种情况的原因是复杂的，但有一点是明确的，就是不同的树种适应于不同的生长环境，它们在某些区域会生长得更好。在潮滩地带，通常受到潮水和盐度的影响，一些树种比另一些树种能更好地忍受近海更高含盐度和更松软泥地的环境，一些树种能更好地适应缺氧的泥地和不流动的水，而另一些树种却需要更多的淡水。因此，当你从近海一侧到陆地岸边穿越红树林区时，你会穿越过以不同树种为主组成的不同红树林地带。在湛江红树林也有一定程度的地域性特征：白骨壤生长在最新成为滩地的近海的边缘，在其后是低矮的桐花树和秋茄的混合林，再向内陆是红海榄、榄李、角果木和木榄，这些树种生长在中潮线至高潮线之间的滩涂上。再往内陆岸边走便是许多树种的混合带——有银叶树、海漆、海芒果、黄槿和杨叶肖槿等。这个排列模式在湛江红树林保护区随处可见（如下图）。

说明：

Ⅰ — 高潮线
Ⅱ — 低潮线
1 — *Avicennia marina* 白骨壤
2 — *Aegiceras corniculatum* 桐花树
3 — *Kandelia candel* 秋茄
4 — *Rhizophora stylosa* 红海榄
5 — *Lumnitzera racemosa* 榄李
6 — *Ceriops tagal* 角果木
7 — *Bruguiera gymnorrhiza* 木榄
8 — *Heritiera littoralis* 银叶树
9 — *Acanthus ilicifolius* 老鼠簕
10 — *Excoecaria agallocha* 海漆
11 — *Acrostichium aureum* 卤蕨
12 — *Cerbera manghas* 海芒果
13 — *Hibiscus tiliaceus* 黄槿
14 — *Thespesia populnea* 杨叶肖槿

红树林为什么能生长在海水中

生活在海边的红树林绝对是一个奇迹，它已经形成了广泛的适应性来对付如此险峻的环境，在以上章节中我们已经有大概了解。这里我们就这些神奇的红树林提供一些更详尽的故事。你可以在你的生物教学中利用这些故事，去说明物种是怎样适应它们的生存条件的。你可以问学生以下三个问题，并和他们一起讨论。具体是把他们划分为三个组，要求每个组讨论一个问题，并向其他组的同学做一个10～15分钟的简短陈述，可以用演讲、舞蹈或绘画等形式。这三个问题是：

1.红树林为什么能挺立在软泥和强大的海潮中?

2.红树林为什么能在潮湿和水浸的条件下呼吸?

3.红树林怎样排除过多的盐分?

红树林是怎样在软泥和强大风浪中站立的

对我们大多数人来说，站立是理所当然的，每天我们都站着同朋友及家人谈笑风生，对此我们不会去想太多。但是试想像一下这样的情景：你站在既深又软的海泥上，而且你每天要被旋转的海水冲刷和覆盖两次！任何在海边泥滩上站过的人都会有这样的体会，随着海浪的不断运动，海水冲刷着你的腿，把软泥和沙往外淘，慢慢地你就会往下陷或摔倒。有了这样的经历，你就能理解红树林站立在海边泥滩上是多么的不容易。那红树林是怎样做到的呢?

红树林是在湿软的泥沙中生长的。如果是其他的树在这样的环境中很快就会倒下。但红树林不会倒，这是因为它有各种各样的办法把它的根固定在软泥中——多数红树林具有复杂的根系以互相支撑。右边这张图片说明了不同品种的红树林具有不同的根系。

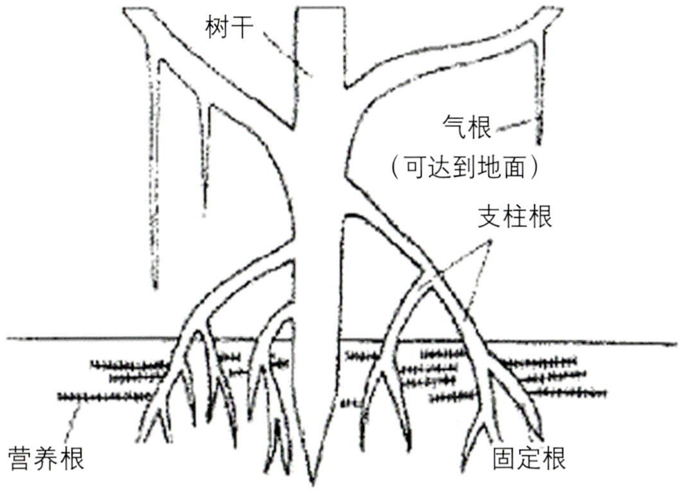

红树林中要算红海榄的支持根系

最为明显，其支柱根从树枝上长出来，插入泥地中以固定树体。在树渐渐长大的过程中，每一棵树都迅速形成大量而强大的固定根系，来互相提供更多的支持。

白骨壤具有不同的支撑结构。它的根呈幅射状（像车轮的辐条一样），在地下浅层形成一个根的网状系统。这些根系能覆盖比其树冠更大的面积！

当你去野外的时候，看一看红树林的其他树种，你能判断哪种树种是利用支柱根作为支撑？你能判断红树林在软泥中是用什么其他的方法来固定自己吗？

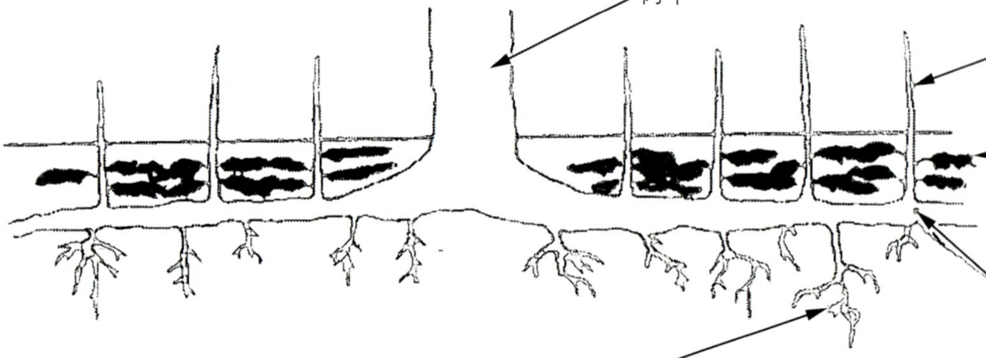

红树林在潮湿和水浸的条件下是怎样呼吸的

为了生存我们都需要呼吸氧气——这包括地球上所有的动物和植物。我们人类可以呼吸我们周围的空气，但是生活在水中的动物和植物必需用其他办法从水中呼吸氧气。鱼和许多水生动物有鳃，许多水生植物有浮叶从空气中吸取氧气，红树林是怎样做的呢？多数生长在陆地上的树木利用它们发达的根系从土壤中吸收水和氧气，但是红树林赖以生存的土壤大多数时间被水浸泡着，这意味着土壤充满着水，土壤颗粒之间很少或根本没有空气，我们称之为“缺氧”状态，这种土壤通常是黑色并带有特殊味道的，在这种条件下红树林又是怎样呼吸呢?

为了补充缺乏的氧气，许多红树林便长出能暴露在空气中的根系——我们称之为“气根”或“呼吸根”。尤其是白骨壤和无瓣海桑具有这种发达的根系呼吸系统。无瓣海桑（左下图）和白骨壤（右下图）的气根或呼吸根能够在水浸的土壤里“呼吸”，注意看无瓣海桑的气根既长又粗，而白骨壤的气根则又短又细。

红树林是怎样排泄过多盐分的

如果我们吃了很多咸的食物，我们都感到非常渴，口很干，嘴唇裂开，有时甚至会头疼！这是因为我们身体里面的细胞在迅速“分泌”水分来稀释吸收到血管中的盐分。然后这些细胞需要吸收淡水进行补充，因此你的大脑就告诉你该喝水了！

你能想像一下如果让你终生生活在盐碱的环境中，你将用什么方法排泄过多的盐分呢？试一试以下方法：

- 饮更多的淡水——但是在咸水的环境中，不总是有大量的淡水供应。
- 终止咸水进入你的体内——这也是很困难的，因为活细胞需要吸收盐分。
- 在你的身体里储存尽可能多的淡水。许多沙漠植物，像仙人掌就是这样——在叶子和根茎里储满水分。

●在你身体里面形成排泄系统——许多动物一直这样做，通过它们的尿液和汗水来排泄。但是能这样做的植物并不多。

那么红树林是怎样适应它所生长的咸水环境呢？神奇的红树林具有所有这些功能！下面是一些“什么树种具有什么功能”的例子。

●一些树种像红海榄和木榄，它们通过形成很厚的细胞层，或在水位很高时暂时关闭它们的吸水系统，以试图阻止盐分进入它们体内的细胞。

●其他树种像白骨壤和桐花树倾向于把盐分吸入细胞，然后再通过叶子直接分泌出过多的盐分。在你的下一次野外考察时，舔一下白骨壤和桐花树的叶子，你会感到它们是咸的。看右边这张桐花树叶的照片，可以发现有盐粒晶体在上面呢。

有些树种像榄李，其叶子具有能储存更多水分的很厚的腊质表层，这不仅储存了宝贵的淡水，而且也阻止淡水直接从叶孔蒸发，这又叫做减少蒸腾。

●许多红树林树种适应盐分的办法是逃避它！这听上去或许有些奇怪，但是银叶树和杨叶肖槿就是生长在有足够淡水供应的地区，它们能忍受短时的咸水浸泡，通过暂时“关闭”吸收系统，然后利用多余的淡水冲刷残留在它们系统里的盐分。

●在世界上一些地区，红树林将过多的盐分储存到它们树皮的生长细胞里，然后脱落，以直接去除盐分。木果楝就是这样的一个例子（如右图所示）。

红树林生态系统是如何运作的

红树林生长在陆地和海洋交界的地方，形成了一个独特的生态系统。我们用“生态系统”这个词来描述以下三种环境组成部分之间的相互关系。

●活的动物和植物（生物）。

●化学的过程和途径（化学）。

●地区的物理过程（物理）。

这三者的相互关系可以用下图表示：

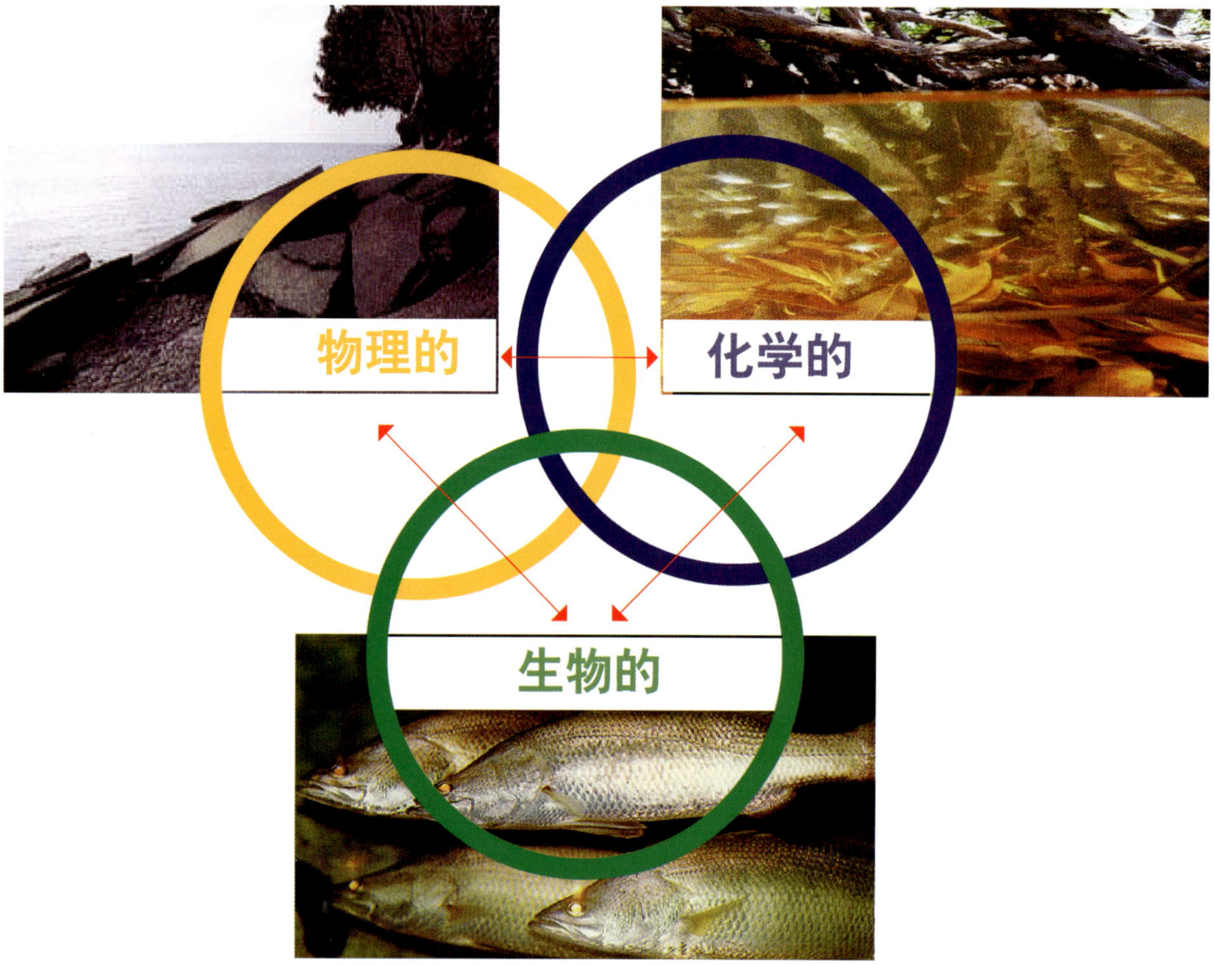

下面这些问题，有助于加深对复杂红树林生态系统的理解：

● 想一想海水潮涨和潮落的运动——这对生活在这里的动植物有什么影响?

● 想一想在泥地里挖洞的动物的活动，肉食动物和素食动物——这就是我们所说的"食物链"。这个问题我们会在以后详细讨论。

● 想一想树木吸收阳光，把养分转化为能量，把氧气吸入它们的根部的化学过程。

花一些时间与你的学生讨论其中的复杂性——看他们是否能说出红树林“生态系统”的重要特性，并进行一些描述。

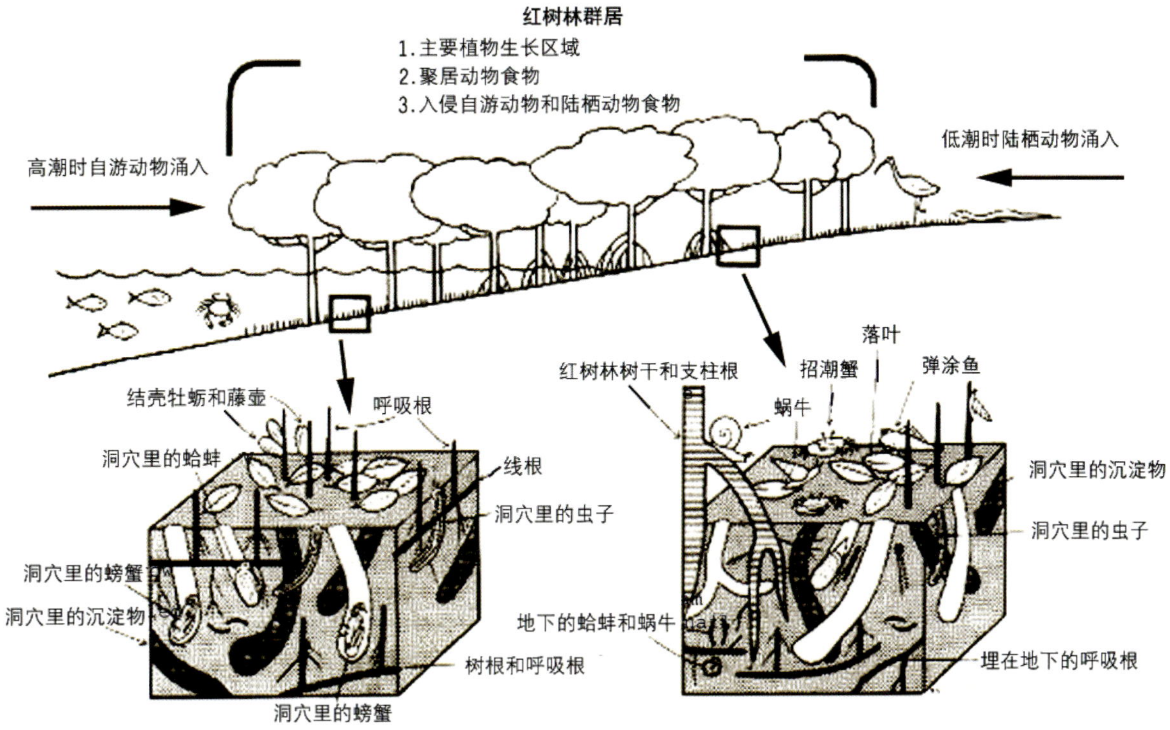

当我们对红树林进行仔细观察时，另外一个需要考虑的重要概念是这些独特生态系统的生态学，让我们尝试地了解一下什么是“生态学”的真正含义。

什么是生态

地球的运动过程是怎么样的？可以简单地归结为一句短语：“生命的E和4C”。

这个简单的短语是生态学的基础，揭示动物（包括人类）、植物、其他有机物和周围环境之间的关系。生命的E和4C也揭示了红树林及其运作的方式。什么是生命的E和4C呢？

能量（Energy）

这是所有生命最基本的需要。没有能量，细胞不能工作，所有的生命过程将停止，对地球的生命而言，最大的能量来源是太阳。植物吸收阳光，吸收二氧化碳，吸收水分，生长出果实并呼出氧气，这一过程称之为“光合作用”。用生态学的术语来说，绿色植物是“生产者”，它们以看不见的能量链与太阳相连接。太阳是所有生物最主要的能量来源，即使这样，植物也只能摄取和使用所能获得的太阳能的10%左右。动物能获得的就更少了，吃植物的动物（素食动物）只利用了植物能量的10%（即10%中的10%，所以仅仅是太阳能的1 %）。吃动物的动物（食肉动物）则只摄取了素食动物能量的10%（即仅仅是太阳能的0.1%）。

动物是消费者。素食类动物是初级消费者，肉食类动物是二级、三级或四级消费者。其他种类包括一些吃动物和植物的杂食动物，还有分解类生物，特别是细菌和真菌，他们以生产者和消费者的尸体为生。通过这种方式，所有的生命都以网状的食物链相连结。能量沿着这个链条向着太阳的方向流动。在链的每一个环节，能量都有丢失。

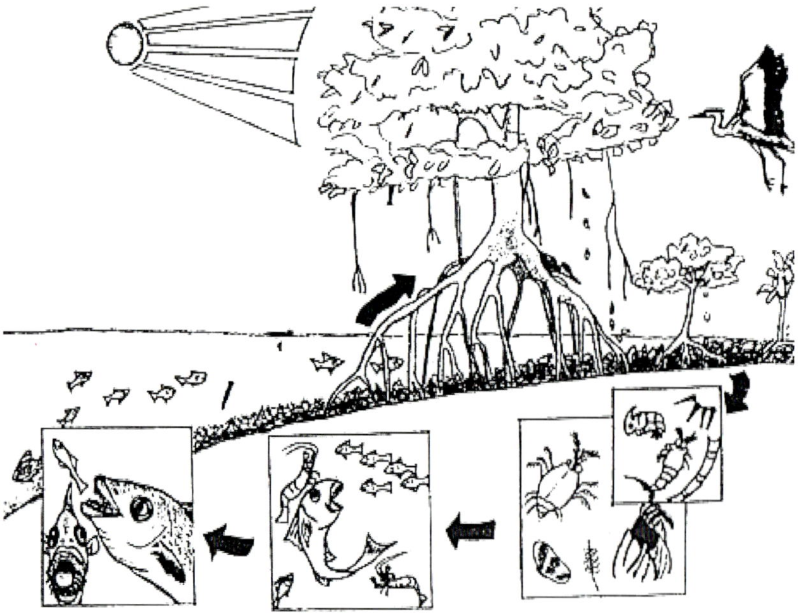

下面就是一个红树林食物链的简单例子，用来说明上述生产者——消费者的“链层”。

利用这个红树林食物链的图表，就每一个链层上可能会发生什么问题，与你的学生展

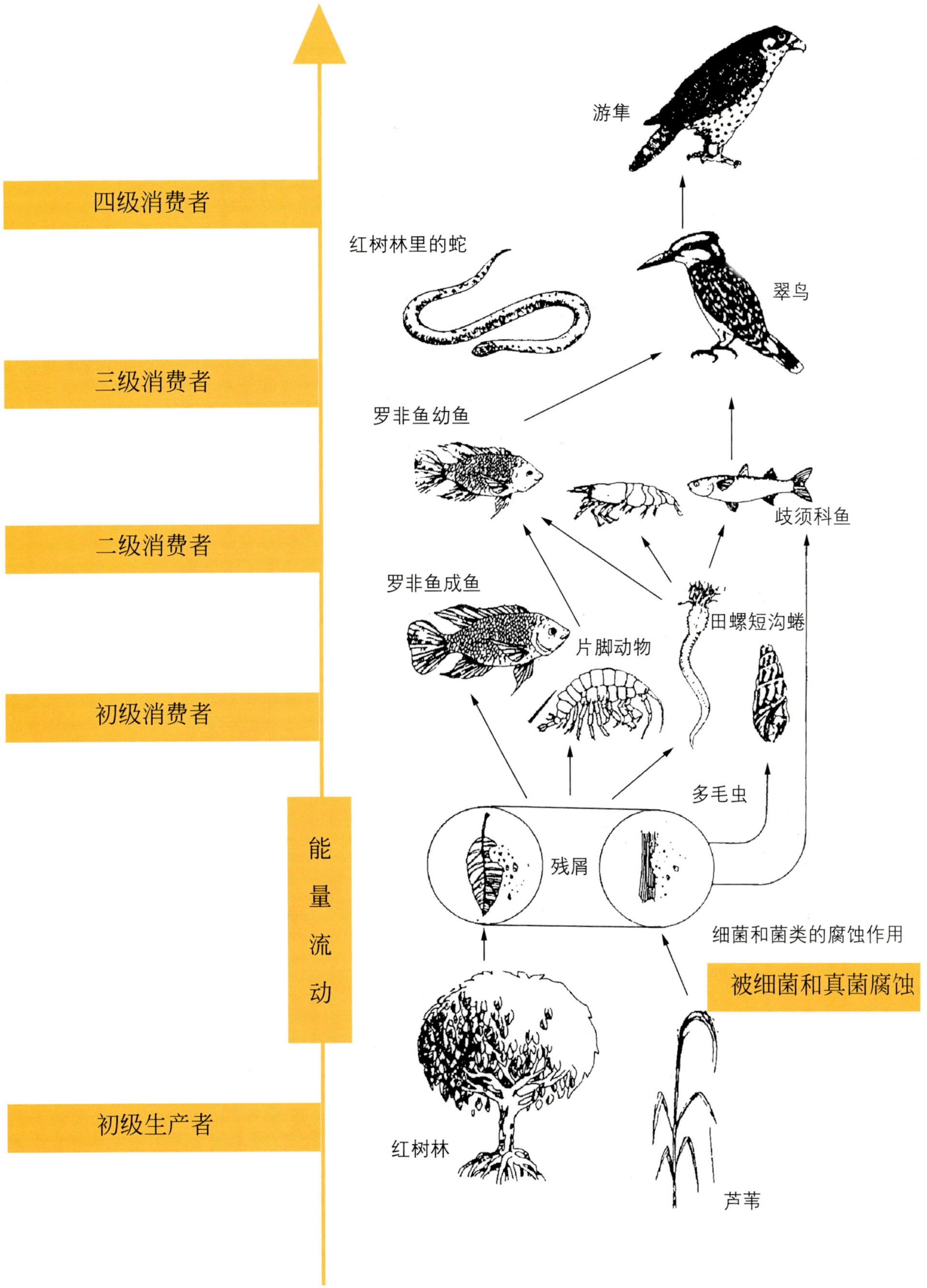
游隼
四级消费者
红树林里的蛇
翠鸟
三级消费者
罗非鱼幼鱼
岐须科鱼
二级消费者
罗非鱼成鱼
田螺短沟蜷
片脚动物
初级消费者
多毛虫
能量流动
残屑
细菌和菌类的腐蚀作用
被细菌和真菌腐蚀
初级生产者
红树林
芦苇

开讨论。这里有一些提示帮助你：

初级生产者

在红树林中初级生产者是树和其他植物。树和其他植物通过光合作用吸收太阳光能量，并把它传送给生长中的各部分。

树和其他植物处于食物链的最底层，在这个生态系统中没有它们就会少许多其他的动植物。

分解者（细菌和真菌腐蚀）

除非我们非常仔细地观察，否则生活在红树林当中的许多动植物，由它们进行的初级生产过程以及它们之间相互作用的许多过程是我们用肉眼无法看到的，其中许多活动是由细菌和真菌来执行的。在任何生态系统中，它们都是最重要的两类微生物。

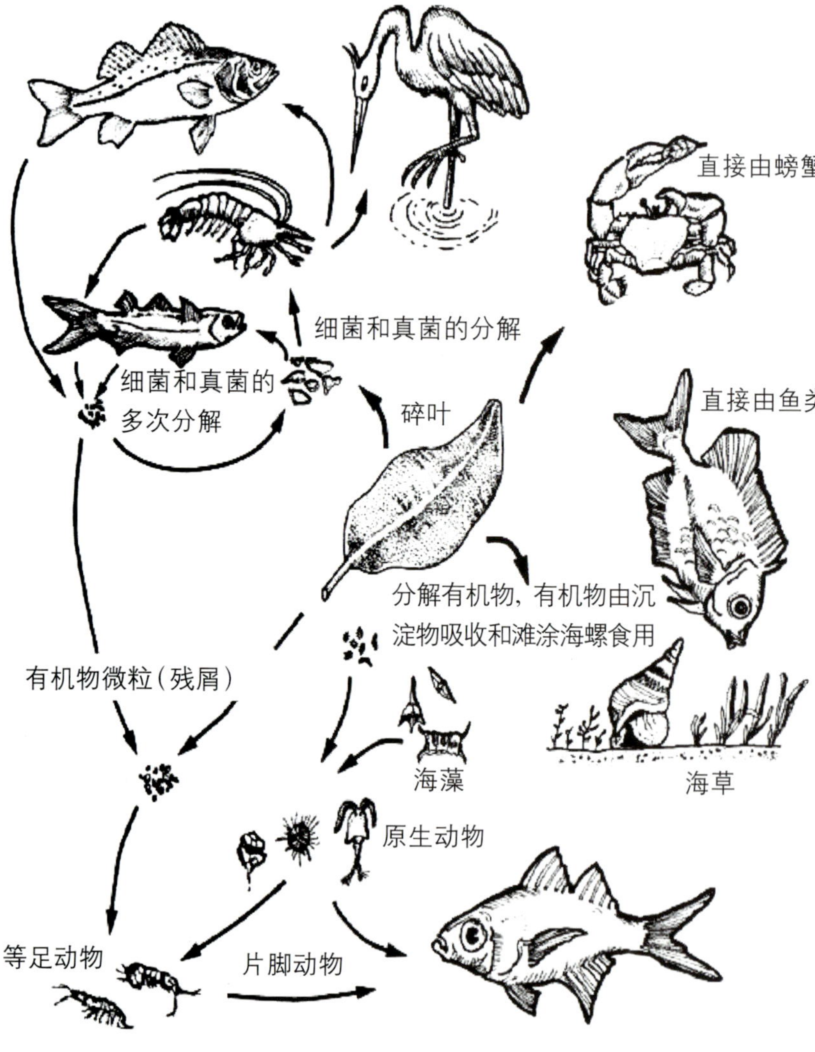

红树林生态系统通过“腐蚀”过程，不断吸收来自树叶和动物尸体的能量。在这个生态系统中，当细菌和真菌不断分解有机物，为新的生命提供原料，期间很少有能量丢失。该过程能够从红树林的叶子从树上凋谢并落下后所发生的一切得到说明。

老师可以跟学生做一个简单的“角色互换”游戏来说明这个原理，从中会了解到红树林中有趣的腐蚀过程。

通过课堂的角色互换游戏，可以看到一片红树林叶子的命运：

要求你的学生想像，他们是红树林的一片叶子。当每一片树叶从树上掉落在树下的泥里或水里时，让他们描述一下将会发生什么。

初级消费者

食物链与红树林初级生产者相连接的下一个环节是初级消费者，这通常是红树林内一些不易看见的动物。如桡脚类动物、浮游生物、昆虫、蟹、鱼幼体和其他一些海洋无脊椎动物（见右图），其中也包括一些小鱼，数以百万计

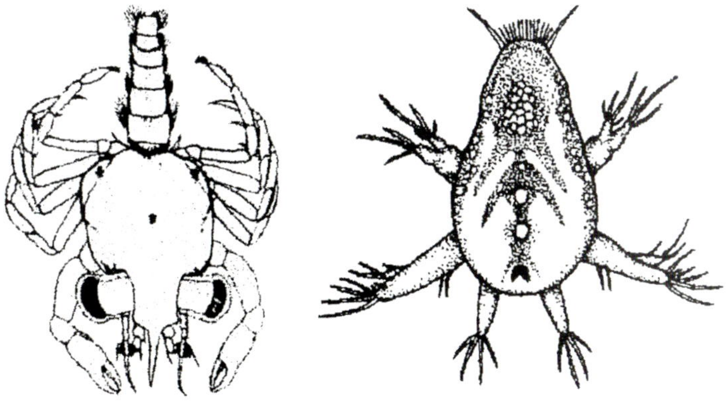

的动物每天可消费掉大量的有机物和分解物。

这些小动物真正是红树林的“能量库”。它们为食物链更高一层的二级消费者提供食物和能量。当它们随海浪漂移和从红树林的能量库散开，这些生物支撑着海岸地区和潮间的生物链。

二级消费者

食物链向上移一层，就是二级消费者。这是一些我们非常熟悉的动物，包括许多我们人类喜欢吃的品种，例如经常在餐桌上见到的鱼、蟹、虾等！

高级消费者（三、四级消费者）

在食物链的高级消费者中，我们可以发现许多食肉动物。食肉动物是以位于食物链上低一层的小动物为食的。它们包括大鱼、许多鸟类、爬行动物，甚至人类自己！

值得注意的是，位于食物链上越高层的动物，越容易积累污染物和其他毒素。如果我们周围的环境被严重污染了，这些化学物质就会聚集在鸟和鱼体内，最终到达我们人类自己——最高层的食肉者。

让你的学生思考一下，人类在整个食物链中的位置。讨论我们怎样在食物链各层次中获取食物，想一想我们在湛江红树林湿地生态系统中获取各种各样的食物，这包括沙虫、泥丁、腹足动物，软体动物，鱼、虾、蟹，甚至还包括蛇！

循环（Cycles）

在自然界中，没有什么是可丢失的。它只是在一轮一轮地循环，就像原材料和能源被再利用一样。循环有水循环、碳循环、生命循环、季节性生长循环等等。万物都是在生命循环中运动。

对我们来说，也许最容易想到的便是水循环。让你的学生想一想，雨是从哪里来，雨停了又流到哪里去。虽然地球表面超过 90% 的面积被水覆盖，但可供人类饮用的淡水只有 1%，这 1% 是通过降雨、蒸发和凝结不断的循环，数量从来不会改变。整个生命的循环都依赖它，这就是水特别宝贵的原因！用下图作为一个讨论工具，要求你的学生讨论水循环，并描述一些其他生命循环的过程。

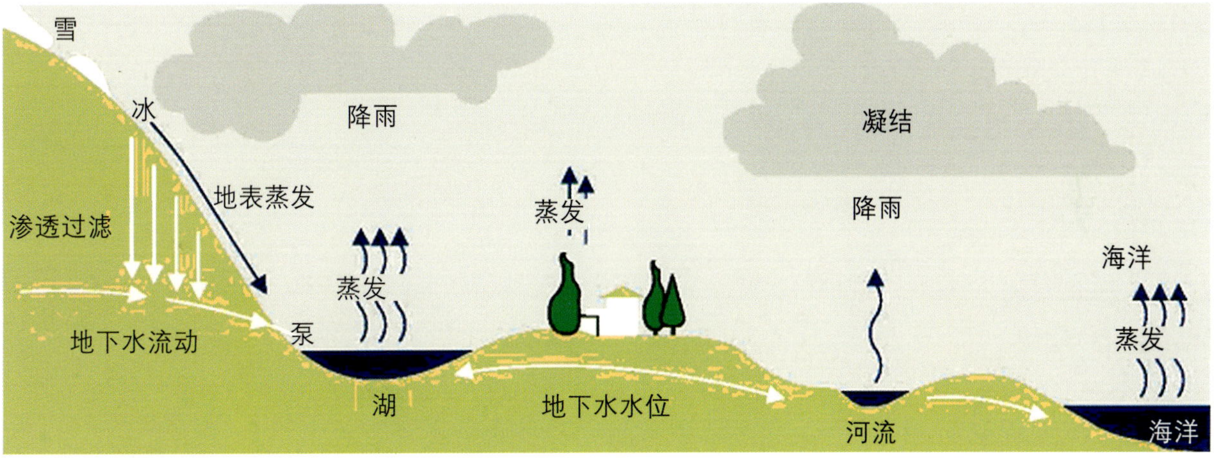

生存条件(Conditions for living)

所有的生命都需要在一些特定条件下生存，如水、空气、食物、温度、阳光、土壤和栖息地等。这些条件因地域的不同而不同，也就形成了与某些特殊植物和动物相适应的栖息地。

红树林就是这些特殊的栖息地之一，它们生长的条件很严峻：很少量的淡水（大多数生物都需要淡水），很少量的空气（氧气也是大多数生物都需要的），在水浸的泥地里，常常受到强风巨浪的袭击。但是在温暖的条件下，红树林的确又有一个营养丰富的环境，几乎没有其他竞争者能生活在这样的环境里。

群落（Communities）

在栖息地内，各种树种构成了“生命的群落”。“红树林群落”不限于树，它还包括昆虫、鸟、鱼虾、爬行动物、哺乳动物及在红树林内安家的其他动植物。在野外实践中，你会寻找到隐蔽的红树林群落。

我们已经看到了构成红树林群落的植物。让我们仔细观察一下，在湛江红树林内居住的庞大及多样的动物群落。

红树林为许多动物提供居住场所。很多海洋无脊椎动物如软体动物和腹足动物在泥地里挖洞或爬到树枝上。涨潮时鱼儿迁栖到红树林内或生活在潮沟里；螃蟹涌向裸露的滩涂，把自己埋藏在淤泥里；鸟则在红树林上筑巢、栖息，并以鱼、蟹为食。

让我们来看一下在红树林群落内两种最独特的，也是最容易见到的动物：

红树林中的招潮蟹

如果你在退潮时穿过红树林走上滩涂，最容易见到的就是成百上千的螃蟹，每一个都在忙着生计或急于逃生。最容易发现也最具色彩便是招潮蟹，它有个英文名“fiddler crab",意为“提琴蟹”。这是因为雄蟹有一只巨大的前爪，挥舞起来很像一把“提琴”。在野外观察招潮蟹很有趣，可以把它作为学生的研究课题。雄蟹占领欲很强，勇敢地捍卫着它们洞口周围的区域，当其他雄蟹侵犯它们的领地时，它们会毫不犹疑赶走挑战者。雄蟹还利用它巨大的前爪向雌蟹展示，吸引它们以便繁殖后代。仔细观察你就会发现，整个滩涂都活跃着舞动蟹爪的招潮蟹！当你走近它们时，这些蟹就立刻钻进它们的洞穴里而消失，但只要你静静地等几分钟，它们又重新出现，继续它们的活动。

要求你的学生分成小组，观察招潮蟹，并把它们的活动记录下来。让学生们想一想如何回答下列问题，做有关雄蟹的测验：

雄招潮蟹

●为什么雄蟹有一个大爪？

答：是雄蟹之间为了占领地盘战斗时使用，也为向雌蟹展示以吸引它们。

●小爪是用来作什么用的？

答：是用来捕食的。

●为什么雄蟹颜色如此鲜艳？

答：鲜艳的颜色用来向雌蟹展示以吸引它们繁殖后代。

●当涨潮时沙滩被水覆盖，雄蟹会怎么做？

答：它们退回到自己安全的洞穴之内，以免被大鱼吃掉。

● 什么动物吃招潮蟹？

答：许多动物吃招潮蟹。涨潮时，鱼捕食它们。大的食肉蟹也吃它们。退潮时，许多水鸟捕猎它们。在一些地方，水獭和其他哺乳动物也吃它们。

● 如果你仔细观察滩涂，你将发现在沙滩的表面有许多泥球，它们是什么？

答：这些是被招潮蟹丢弃的食物球。仔细观察招潮蟹吃东西，你就会发现，它用小爪不断地把食物送入嘴中，一段时间后，该蟹就把可食部分吃掉，剩下的小泥球被作为废弃物丢掉。

能走和爬的鱼

另一个独特的红树林动物便是可以行走的鱼，叫做跳跳鱼（弹涂鱼）。红树林是跳跳鱼的家。这种鱼可以在水面呼吸，可以在滩涂上跳跃，甚至能爬树，有些品种还能展示其特技——跳向空中展示它背部的彩翼。

与招潮蟹一样，跳跳鱼也是学生野外考察的极好课题，静静地坐下来，观察这些滩涂运动健将的特技！

所有的跳跳鱼都有强壮的前鳍，支撑它们身体的重量，使它们能够行走和爬行，最常见的跳跳鱼品种是食草鱼。经常见到这种鱼在“吸取”滩涂表面的泥水，实际上它是在吸取由海藻和硅藻滤出的营养物。雄性鱼以其高超的“杂技表演”出名——常见到它们在滩涂上跳来跳去，并竖起它彩色的背鳍，作为对其他雄性的警告，同时也吸引雌性。

变化（Change）

生命的永恒是万物的变化。树种发芽、生长、繁殖、衰老、死亡，季节性变化，栖息地在变化，树种随地理年代而变化。人类是所有这些变化的最大影响因素。

让你的学生思考，人类在沿海环境变化中所起的作用。可考虑讨论以下问题：

- 获取食物的程度——尤其对鱼贝类。从长期发展和可持续利用的眼光看，是否会对将来造成什么影响?

●讨论这个观点：可持续地获取食物，是确保人类子孙后代可持续发展的惟一方式。

●沿海开发和土地利用——我们对沿海岸线的改造，是否对红树林造成了影响?

●讨论水污染问题。大海像一个巨大的“储水池”。什么东西都聚集在那里！从我们家里及厕所排出的废水通向哪里?被我们扔在水沟里的塑料瓶将来会怎么样?当下雨时，被我们喷洒在庄稼上的除虫剂会怎样?最后它们都全部聚集到大海！再讨论一下食物链，看看这些变化是怎样影响人类的。

我国南方一些地方围海造田，建虾池和鱼塘已经毁坏了大片的红树林。这些开发通常在头几年里利润可观。但不久，当红树林重要的自然功能永远消失的时候，其收成就下降到亏损的水平。

红树林与人类——需要可持续性

在老师的指导下，我们已经初步了解了红树林对人类的重要性。让我们再进一步了解这些功能和价值——红树林是怎样为我们的日常生活做贡献，以及给沿海社区提供更多经济利益的。

- 在湛江，也许红树林给我们最大的受益是它提供给我们的食物，这些食物包括鱼、虾、蟹、贝类和蚝……
- 在台风季节，红树林对防止台风和巨浪造成的破坏有着不可估量的重要作用。
- 红树林还给我们提供了许多非渔业资源，这包括建房子的木材、可食用的果品、牲畜的饲料及湛江本地的蜂蜜产业等。
- 红树林还帮助调节沿海的气候。沿海岸线绿化带跟湛江地区的降雨紧密相关。
- 红树林还可防止咸水入侵到沿海的地下水。在湛江沿海的村民，如果没有红树林的防护他们或许从井里打到的只能是咸水。

让我们再回头看一下头两条。下面将对其进行更详细的探讨。

什么是可持续性?

如果我们想让红树林继续提供重要的生态功能，造福子孙后代，从现在起就要可持续地利用它们。

可持续性是用来描述我们维护长久价值的一个术语，如果我们可持续地获取现有的资源，我们还可以利用10年、20年或100年的时间，甚至更长!

如果我们不可持续地获取资源，就没有资源留给我们的子孙后代。

让你的学生能够思考下面的句子:

人类并不拥有地球，我们只是为后代照看它。

红树林“餐馆”

湛江的餐馆和市场素来以海鲜品种繁多出名。来自全国各地的旅游者，都乐意品尝这些食物。当地人每天以这些食物为生。如果你走访当地的市场，你就会看到各种各样的食物——如鱼、虾、蟹、沙虫等，这些全都直接跟红树林有关。让我们再深入了解这是怎样一回事。

我最喜爱的海鲜——帮助你的学生思考红树林资源的丰富性

- 要求你的学生列出所有他们喜欢吃的不同品种的海鲜。
- 让他们思考这些食物从哪里来，又怎样到达他们的餐桌上。
- 提问：红树林在这其中起什么样的作用？

让我们到湛江红树林餐馆看看有什么

螃蟹　红树林及其滩涂为我们的餐桌提供了许多种类的螃蟹。这包括有“游泳”蟹和泥蟹。海南省的一项研究表明，在13平方千米的红树林区，每年可收获泥蟹超过30 000千克。

鱼　中荷合作红树林保护项目完成的调查表明，在湛江红树林国家级自然保护区内已发现超过127种鱼。这包括许多有商业价值和供维持生计的品种。

虾　从红树林获取的重要资源之一是虾和对虾。有些品种如长毛对虾，它们的生命循环是非常依赖红树林的。

软体动物　与红树林有联系的重要软体鱼类是在湛江发现的。最常见的是大规模养殖的蚝，在红树林附近的滩涂上，我们常常见到许多蚝桩。其他品种如蚌，尤其是文蛤，都是在沿海滩涂上捕获的。

其他无脊椎动物　我国南方的一项研究表明，在红树林内生长的水生大型动物超过100种（林鹏，1999）。它们当中许多具有很高商业价值和供维持生计的价值。如沙虫就是湛江最常见的美食。

关于红树林渔业的一些资料

●我们吃的许多鱼类和贝类，都依赖红树林的高生产率。没有红树林，我们的餐桌就会少很多鱼、贝。据统计，在世界范围内，红树林为2 000多种鱼和无脊椎动物提供栖息地。

●有一些鱼贝类在红树林区产卵，作为成长基地，然后游向大海，在那里它们又将被渔民捕捞。

●红树林维护了潮间带的生态平衡。红树林为生长在滩涂中的生物提供大量的能量来源。反过来它们又构成鱼类食物链的最底层。

●世界范围内研究表明，一公顷的天然红树林，比同样面积的人工鱼塘提供的渔业资源多至2～5倍。从长远来看，把红树林改造为鱼塘绝对是不可取的。

红树林与虾的繁殖循环

我们知道，红树林在世界范围内对鱼、虾的生存有多么重要。下图说明了虾是怎样利用红树林的全过程。

该循环过程从成年虾在海岸区的深水里交配开始。①在水中交配；②发展成幼虾；

③顺着海浪漂向大海，发展成浮游虾；④和⑤逐渐变成小虾；⑥游向入海口，并利用红树林作为“庇护所”；⑦在红树林里长大，这些成年或半成年虾又游向大海繁殖；⑧新一轮循环又开始了！

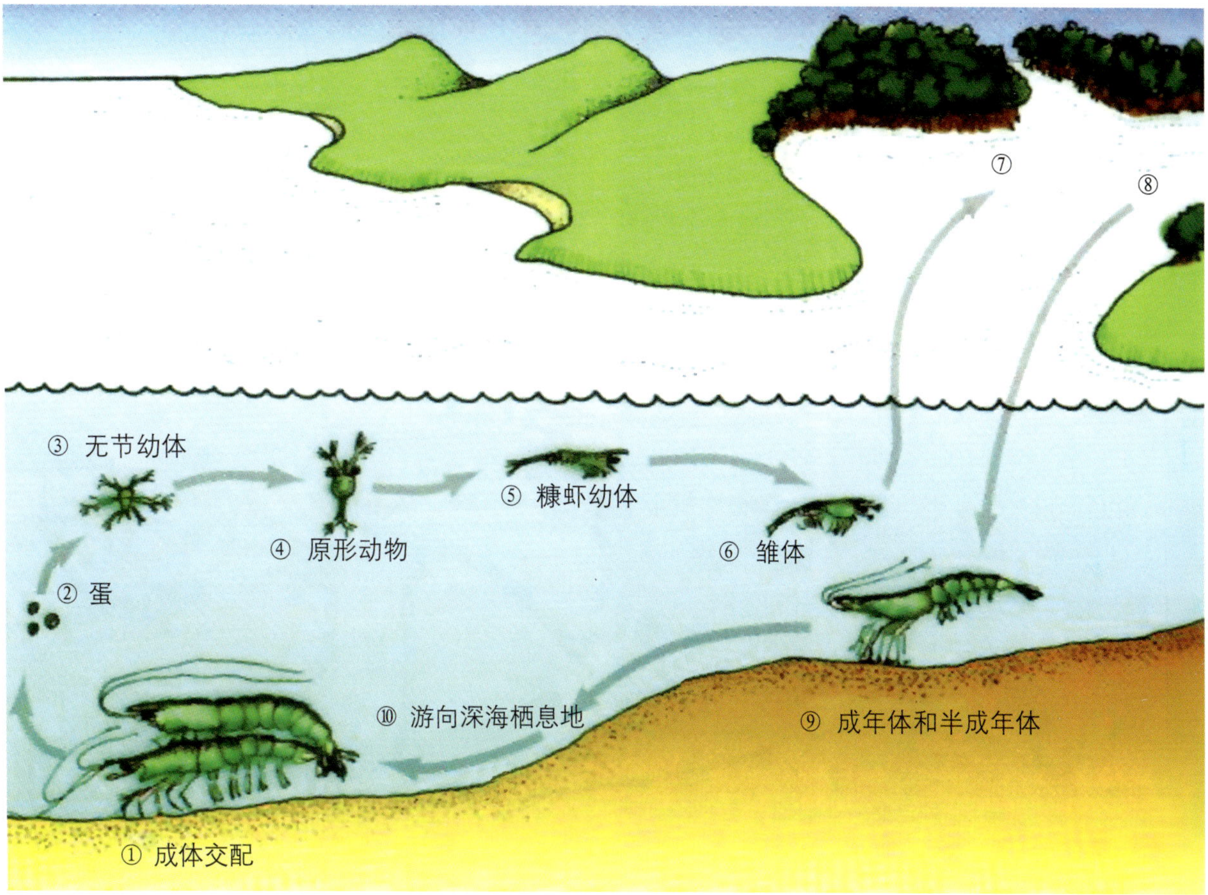

红树林的抗台风功能

红树林具有减缓台风巨浪袭击保护当地居民的作用。每年我国南方海岸都要遭受一次或多次台风的袭击。湛江通常是处在台风的前沿，每年台风造成的损失估计达数百万元以上。

在有红树林保护的海岸地区，损失通常很少或根本没有。红树林的作用就像一座绿色软墙，当台风撞击海岸时，它吸收了海浪巨大的能量。在红树林被砍伐的地方，沿岸是用海堤来保护的，海堤经常会被台风摧毁，耕地浸满了咸水。像海堤这样的硬性结构，只能对海浪撞击起到有限的保护作用。台风和巨浪所产生的高能量是很容易摧毁大堤的。

让你的学生想像一下，海岸线由一块巨大的海绵所围绕。海绵很容易吸收高能量的海

浪。台风可以比作是一个人拿着一把锤子。问你的学生，用锤子敲一座硬墙和一块海绵，哪一个更容易损坏。显然答案是硬墙更容易损坏，因为硬墙吸收了来自锤子敲击的能量后受到了损坏。

红树林和沿海湿地——鸟类的快餐店

在候鸟迁徙的季节，许多种类的候鸟都来到湛江的沿海湿地。在秋季（9月至11月），这些候鸟从它们的繁殖地——俄罗斯的西伯利亚、蒙古及我国的北方迁徙到南方的湛江。有一些鸟在冬季就停留在湛江，其他一些则继续南飞到东南亚，最后到澳大利亚。在春季（3月至4月），同样是这些鸟又北迁，回到它们的繁殖地。湛江是东亚——澳大利亚候鸟的途经地。

退潮时滩涂是裸露的，湛江沿海地区及红树林成为这些候鸟的快餐店。候鸟飞翔了如此长的距离，需要高能量的食物补充。湛江的滩涂和红树林提供了大量的高能量食物。这些鸟尤其喜欢捕食生长在潮间带的双壳贝、沙虫和螃蟹，其中许多品种也正是我们喜欢吃的。在退潮时，这些动物大多数都藏在泥表层下面。因而不同种类的鸟不断地改进捕食的技能，形成不同形状的嘴以便获取这些动物（如下图所示）。

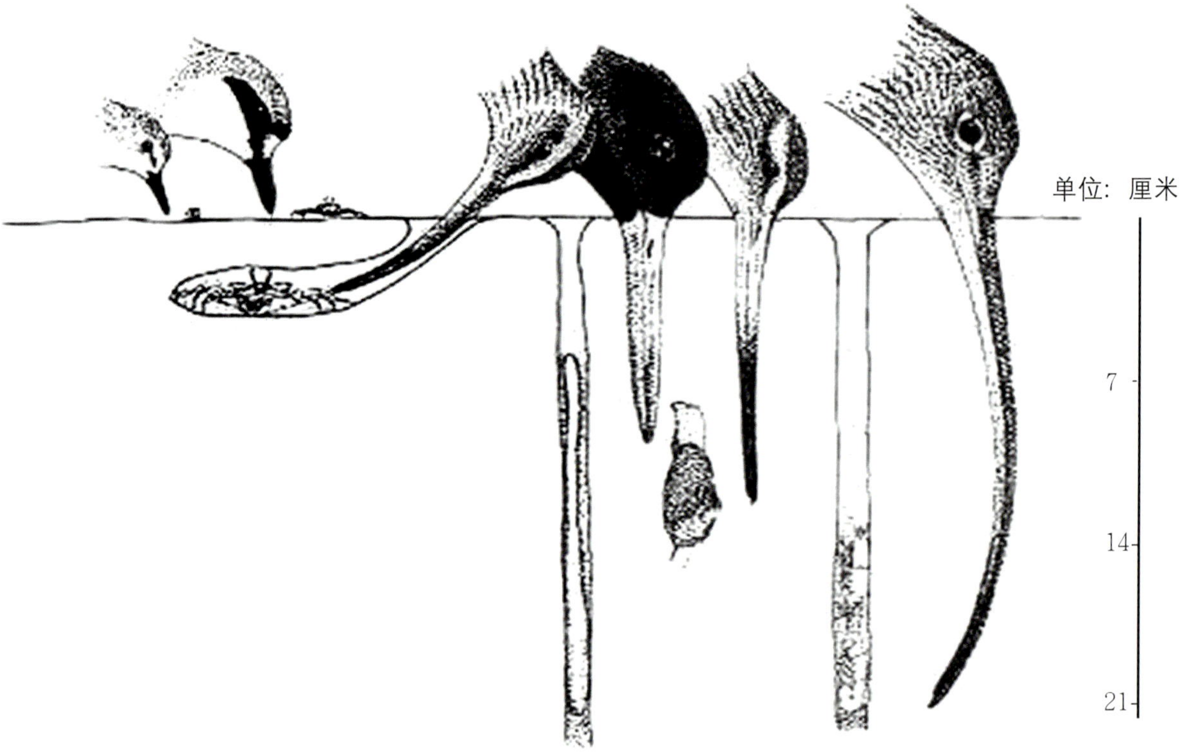

正如以上所提到的，湛江红树林和滩涂是这些鸟补充能源的关键地方。候鸟好比是一架小型飞机，每天在它们的旅途中都要着陆添加油料。从这个意义上说，湛江就像是这些鸟类的国际机场。它们在这里停留，添加“油料”（捕食）、休息、修整自己，然后又踏上新的旅程。

湛江红树林湿地对这些鸟类起到重要的国际作用。我们知道，在这里发现的192种鸟类，至少有4种被认为受到“全球化威胁”，因为它们仅剩下极少的数量，急需保护。

这些珍稀种类包括黑脸琵鹭和黄嘴白鹭。这两个品种是在我国北方的勃海湾筑巢，飞到南方来过冬的。大多数的黑脸琵鹭飞到我国台湾或深圳湾去过冬，但也有少部分飞到湛江和海南。这个品种已有几年没有在湛江看到了，但是它还是在利用湿地、寻找湿地！在湛江过冬的黄嘴白鹭数量也很少。它是一个海岸常客，经常见到它在潮间带捕食小鱼和螃蟹。在这里发现的还有两种其他濒危物种——勺嘴鹬和黑嘴鸥。

以下是一些有关候鸟的问题让你的学生思考：

候鸟问答

●问：大多数候鸟都在北方筑巢，它们为什么这样做？

答：在夏天北方几乎有24小时的光照——这就意味着鸟儿有充足的时间吃足够的食物！在靠近北极的西伯利亚、蒙古大草原和我国北部也少有人类居住，所以鸟儿筑巢不会受干扰。

●问：这些候鸟要飞到南方去过冬，为什么这样做？

答：在冬季北方冰封雪冻，日照极少，也没有食物，因此这些鸟儿不得不飞往南方，否则它们会被饿死。

●问：沿候鸟迁徙路径的湿地，对鸟类来说像一块"歇脚石"。如果湿地被破坏了（即"歇脚石"被拿走了），将发生什么情况？

答：研究表明，每年都是同样的候鸟来到同样的湿地捕食、休憩。如果我们破坏了候鸟捕食的任何一块湿地，它们便没有了食物，就再也没有足够的力气飞往下一块"歇脚石"了！在整个路径上拿走了一块"歇脚石"，对候鸟来说简直就是灾难。

●问：候鸟迁徙是怎样导航的？

答：这个过程对科学家来说还是一个迷。有一些种类的鸟低飞，追随江海或海岸线作为路标。另外一些种类的鸟高飞，利用星星、太阳和地球的磁场作为导航。

●问：说出每年飞到湛江的濒危鸟类的名字？

答：黄嘴白鹭、勺嘴鹬和黑嘴海鸥都还一直来湛江，黑脸琵鹭只是以前来。

除了候鸟外，湛江还是许多留鸟的家。留鸟一年四季住在这里而不迁徙，利用红树林捕食、筑巢，它们是红树林群落的重要组成部分，在红树林的食物链上起着重要的作用。它们当中的许多种类吃掉大量的害虫和其他有害动物，对保护稻田和红树林附近的其他农业生产起着重要的作用，下面是一些最常见的留鸟图片，在你的野外考察中请留意这些种类。

苍鹭

牛背鹭

普通翠鸟

大白鹭

斑嘴鸟

红嘴鸟

红树林的保护

●我们已经看到红树林对我们来说是多么重要，尤其是对野生动物、渔业、防御台风、获取食物及其他资源等方面。尽管如此红树林仍在被不断地毁坏。

●如果我们不保护现存的红树林，不可持续地利用它，我们将不能将这一珍贵资源留给后代。

●目前湛江的红树林比历史上的任何时候都受到重视和保护。1997年湛江红树林国家级自然保护区成立，保护区管理局已出台了一套管理和保护红树林的计划。

●作为管理计划的一部分，中荷合作红树林保护项目计划用五年时间恢复1 000公顷的红树林。并计划与沿海社区共同制订一套管理策略，通过环境教育和提高公众意识来加强对红树林的保护。

● 2002年湛江红树林国家级自然保护区被列入拉姆萨公约“国际重要湿地名录”。至2004年底，中国已有21个拉姆萨湿地。

什么是拉姆萨公约

拉姆萨公约是世界上第一个关于湿地的国际环境保护条约，它的全称是“关于特别是作为水禽栖息地的国际重要湿地公约”。该公约于1971年在伊朗的拉姆萨市签订，由此而得名。

我国于1992年成为拉姆萨公约成员国。至2004年止，我国已有21处湿地被命名为国际重要湿地。其中有4处红树林湿地，它们是：

●广东湛江红树林国家级自然保护区

●香港米埔及后海湾自然保护区

●广西山口红树林国家级自然保护区

●海南东寨港红树林国家级自然保护区

拉姆萨公约成员的身份意味着国际社会接受湛江红树林的重要性，并支持我国保护这些资源的计划。作为拉姆萨国际重要湿地的一部分，湛江的红树林还需要加强可持续发展的有效管理。

其他有用的红树林教育资源

英特网上与红树林有关的资料

- 中国台湾红树林指南可查询：http://www.tpec.org.tw/abs
- 关于世界范围内的红树林保护和有关红树林被毁坏的文章，可通过地球学术期刊查询：http://www.earthisland.org/eijournal
- 澳大利亚昆士兰红树林的野外指南提供了红树林及其生态系统的详细内容，可查：http://www.aims.gov.au
- 新加坡红树林指南（包括许多在湛江有的树种），可查：http://mangrove.nus.edu.sg/guidebooks

其他有关红树林的信息，可以很容易通过 Google 网站 www.google.com 进行搜索，只需输入关键词“红树林”，一连串的网址就会出现！

其他有用的红树林教育资源

我国南方出版了一些很好的红树林书籍，对红树林生态有更详细的描述，它们包括：

- 《中国红树林生态系统》由厦门大学林鹏教授著，1999年由北京科学出版社出版。可以通过出版社（北京东黄城根北街16号，邮编：100717）购得。

●《台湾红树林自然导游》 由郭智勇编著，1995年台北大树文化出版社出版。

●《漫步水上森林》这是一本讲述香港红树林的书，李成业编著， 2003 年由香港郊野公园、渔农署联合赞助出版。可以由天地图书有限公司(香港湾仔皇后东路109～115号)提供。电话：(852) 2528 3671,传真：2865 2609。还可通过电子邮件 info@focp.org.hk 与该书的赞助者联系。

●《香港红树林》 用于香港红树林生态系统指南，由 Nora F.Y. Tam and Y.S.Wong.于 2000 年制作。可以从香港城市大学获得，也可以从香港农业、渔业保护部门获得。

●《卡门岛神奇的红树林》——老师指导资料。由美国红树林行动项目(MAP)制作，可以从MAP at P.O. Box 1854, Port Angeles WA 98362, USA获得。电话：+360 452 5866.

●《米埔中学老师教材套》于1997年由世界自然（香港）基金会编辑。为中学老师设计，提供环境教育帮助，适应在参观米埔期间使用。该工具箱包括几本小册子(有中英文版)：红树林生态、米埔区水污染、米埔及邻近地区之土地利用和课堂学习补充内容。详情可与世界自然(香港)基金会联系，地址是香港中环缆车径一号，电话：(852) 2526 1011，传真：(852) 2845 2734。网址：http://www.wwf.org.hk

●《中学环境教育教材》于1999 年由世界自然(香港)基金会开发提供给老师，作为香港计划和环境保护教学内容。详细联系方式同上。

如果需要更多的信息请联系：

中荷合作雷州半岛红树林综合管理和沿海保护项目实施办公室

地址：中国广东湛江市赤坎区椹川大道北 370 号 9 楼

邮编：524033

电话：＋86 759 3313434 / 3362783

E-mail:immcp2001@yahoo.com

漫 步 **红 树 林**

第三篇 学生习作页

MANBU HONGSHULIN

习作1 漫步红树林

漫步红树林并不拘泥于生物学的“事实”，而是关注学生的感受和感知。它更多的是在学生们沿着红树林的一条小径漫步时获得的一种“感觉”,同时又让他们“停下来”思考一下有关自然界的生命循环、结构、运动、声音、气味等的涵义。这个练习要求教师或教育人员准备一条通往红树林的路径和一些预先设计好的停留点。下面所给出的一张表格就是帮助学生在漫步红树林时能找到他们的感觉。

停留点	概 念	你能发现什么	备 注
1	生命，生长，衰退，死亡，生命循环	年轻（幼体）或老年	
		发芽或生长	
		腐烂的或带菌的	
		觅食或呼吸	
		年轻（幼体）时在何处生长发育	
2	结构与组织	尖锐或圆形	
		柔软或坚硬	
		扁平	
		很脏	
		湿或干	
3	环境与位置	在水下	
		隐藏在某些东西下面	

（续表）

		在洞穴里	
		在空中或在树上	
		在泥地上	
		粘附在根上	
4	移动	自己移动	
		由风挟带移动	
		在水面上漂浮	
		随重力而下落	
5	声音和气味	有腐烂的气味	
		植物的清香	
		动物的气味	
		发出动物的声音	
		发出风或水的声音	
6	式样和表征	带有斑点状、条纹状或黑白相间 多种颜色或绚丽多彩	
		粗糙或光滑	
		龟裂状或鱼鳞状	
7	主观情感	光滑或沙质的	
		丑陋或美丽	
		有趣、逗人喜欢或骇人的	
		很独特或摸上去不舒服	
		以前从未见过	
		弄不明白	

习作2　我不知道那是什么——红树林生物多样性分类

为了保护生物，我们必须了解各类生物，需要进行分类、命名和描述每一个物种。如果物种没有一个名字，便难以合法地进行保护。科学家们将生物多样性分成广泛可接受的层次系统。层次系统使用方便并能表示出它们之间的紧密关系。层次系统的最高层称为“界”，其次为若干“门”，门以下为“纲”，然后是“目”、“科”、“属”（相似的物种组），最后才是物种和亚物种。然而，首先需要检验一下你的标本是否有生命。

动植物具有各自的生命特征。植物能通过光合作用制造它们自己的食物，动物却不能，动物必须吃植物或其他动物。动物能通过其自身的努力从一处移动到另一处，植物除浮游植物外，生根于一个固定的地方。任何植物要从一处移往另一处都是被动的（如由风、水或动物所携带）。

如何识别有生命还是没有生命？

所有有生命的物体：

- 需要食物
- 呼吸
- 排泄 / 分泌
- 移动
- 有感觉
- 生长
- 再生
- 死亡

“索引”与分类

“索引”对物种分类是很有用的。因为在野外，沉重大本的书不易随身携带。科学家们可以通过“索引”来检索出看上去相似的物种。下面是可用于湿地动物分类的一个“索引”。选择一些样品，如蜻蜓（昆虫）、红树林蜗牛（腹足纲的软体动物）、弹涂鱼、苍鹭（鸟）或水獭（哺乳动物），看看学生们能否使用这个索引来识别出它们是属于哪一类动物群。

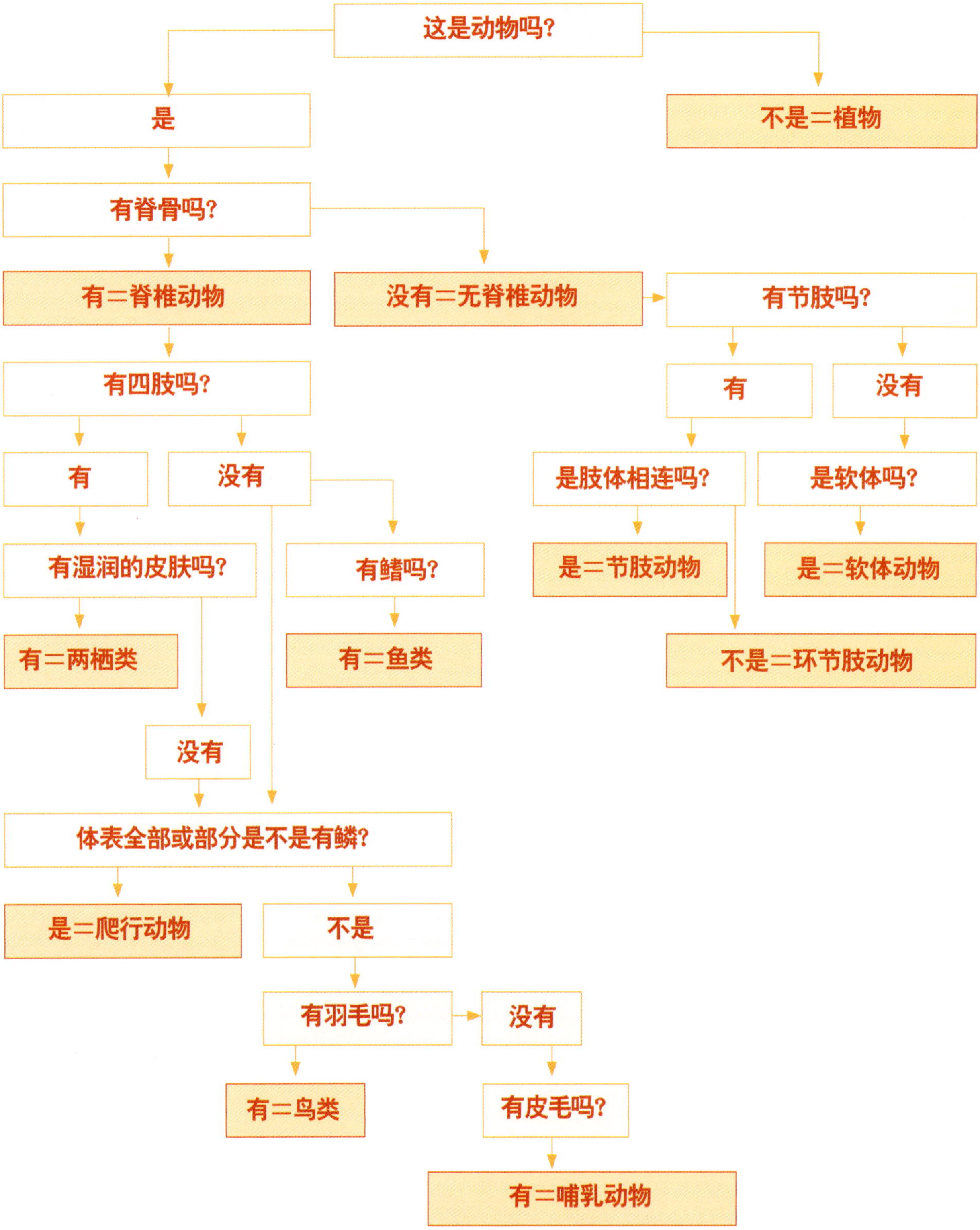

这个“索引”需要有一些不同种类的动物图片，教师在实际运用时可结合这些图片进行。

这是什么红树林植物

想像你是一个18世纪的探险者，进入未被发现的红树林区并第一次见到这类树种，你没有任何“索引”或“野外指南"来告诉你那是什么，而你又要将这一发现告知世人，怎么办呢？你可以选一种红树林树种，将它画在一张空白纸上，其他类型的树种画在另一张纸上。根据它的特点给树种起个名字，如具有许多支柱根和长长的种子可称之为长种子支柱根树。当你回到学校后，查一查资料看能否确定你所画的树种的真正名字。

记　录　表

你的姓名：________________

植物名字：________________

日　　期：________________

描述：	图画：
大小：	
树干：	
叶子：	
花，果实或种子：	
它生长的栖息地：	

习作3 走进红树林——探索红树林生物多样性

人类与千万种植物、动物和其他生命有机体共同分享我们这个星球。人们将种类繁多的物种、生态系统和巨大的资源称之为生物多样性。至今科学家们已能描述出150万～200万种生命有机体的种类。没有人能说出还有多少种生命体尚未被发现——可能还会有上千万种！

走进红树林是探索红树林生物多样性的一种“探险”活动。这个练习要求教师和学生都卷起他们的袖子，脱掉鞋，让脚趾间充满泥巴！

获取有生命的标本　在红树林区充满水的沟渠或池塘中用一个小网捕获一个小生命，并将“捕获物”放到盛有半盆海水的塑料盆中，仔细观察并进行讨论。

取泥样　用一把小的挖泥工具去探索一下在红树林泥地表面以下有什么东西生存。一些学生可以在红树林中比较坚硬的泥土上挖掘，另一些学生可以在沟渠松软的泥土上取样。将捕获物放在滤网上清洗后放到盛有半盆海水的塑料盆中，要求不同地方捕获到的生命体分开放。鼓励学生去寻找泥土中的“洞穴”，在那里有可能发现动物。

观察树叶　用肉眼仔细观察一下有什么东西生活在红树林的树叶上。不要忘记观察一下树叶的背面，也许树叶的背面会有不同动物生存着。也可以将树叶抖动一下，让昆虫从树叶上掉下来。所取得的捕获物存放在充满空气的塑料袋内，供以后观察与讨论。

观察树根的周围　许多动物生存在红树林的根部，在树根的周围观察，试试看你是否能很容易地发现它们。如果可能的话收集一些，但要小心不要伤害它们，也不要损伤红树林树根。假如不容易将它取走，就将它画下来。

注意事项　活动过程中在红树林区所捕获的动物，用作讨论后均须放回红树林区。

今天的收获

生活在红树林沟渠和池塘内	生活在泥地里
例如： 弹涂鱼 其他幼鱼 小蟹 小虾 滑水鱼 泥蜗 水蚤	例如： 双壳类软体动物 沙虫 多毛纲蠕虫 蜗牛 海蛤 招潮蟹 白蟹
生活在树上 例如： 绿叶蜗牛 厌叶昆虫（在叶子上留有痕迹或“地图”） 蜻蜓幼体 常见的红树林蝴蝶和它们的幼虫 红树林飞蛾和它的卵 红蚁 其他昆虫	**生活在根部** 例如： 蚝 弹涂鱼 触角蜗牛 红树林蜗牛 绿色和褐色藻类 藤壶

走进红树林——野外记录页

学生姓名：________________ 班级：________________

日期：________________ 时间：________________

地点：________________ 天气状况：________________

在这里记下你所取得的红树林生物多样性的样品，需要的话可增加几页。

身体是坚实的还是柔软的?	是节肢动物吗?是的话有几节?	有腿吗？有的话几条腿?
有翅膀吗？有的话几张?	有尾巴吗?有的话几条?	有羽毛状的鳃吗?

将你的标本画在这里，并指出它有多大?

你的标本生活在哪里?

你的标本是怎样移动的?

你认为它吃什么?

什么是生命中的E和4C?	E	C	C	C	C

习作4　我们怎么做　它们怎么做

所有的动植物均有其独特的物理、生理和行为特性，这些特性帮助它们以独特的方式生活在各自的栖息地中，简单地说就是为了生存而适应环境，这些特性称为“适应性”。一些物种是很独特的，只能在特定的栖息地或专门的食物条件下生存。也有一些物种适应性很强，容易生存。

本练习关注的是红树林不寻常的适应能力——它们怎么会生长在海水中？用本练习去探索这些物种不寻常的适应性，包括生长在红树林中的动物。

我们怎么做？它们怎么做？

任选一些红树林中的动物或植物。尽可能有多一点不同的动植物物种，以便可以分成更多小组进行练习。如果这个练习在习作2和习作3后面完成，那么在红树林中取得的动植物可用于本练习。

根据下表提示进行观察、讨论和描述。请记住“动物”包括鸟类、昆虫、蜗牛、蚯蚓、蛙类和鱼类等，不是所有的生命体都是羽毛丰满的。

问　　题	我们怎么做	它们怎么做
如何对付下雨?		
如何对付烈日当头?		
如何呼吸空气?		
如何对付寒冷?		
如何饮水或取水?		
如何从体内排出盐分?		
如何对付强风和巨浪?		
如何寻找食物?		
如何适应在黑暗中生活?		
如何对待其他动物?		

根据你的要求可以将此表复印给学生，也可任意进行修改。

习作5　红树林生物链课内活动

在红树林野外考察回到课堂后，可以做一次红树林食物链的游戏。这是一个具有实践意义和很有趣的游戏，它能使学生更好地了解他们在野外经历的红树林生态系统各部分之间的内在联系。游戏的主要目的是让学生去思考和讨论：所有在红树林区生存的有机物都是以红树林为中心的。

重要的是教师能适当地推动这个活动过程：保证每一位手上拿着卡片的学生在叫他松开绳子前都必须与其他学生联系在一起。会有吵闹声，欢笑声，这样能加深学生对游戏的印象。

这是一个很容易做到的10步过程（参见下面图式）。

红树林食物链游戏的10个步骤

第一步：准备所需要的工具——彩色卡片，记号笔和一大捆绳子。

第二步：用习作3所提供的例子和其他资源，制作一系列的彩色卡片，每一张卡片上均写上一种来自红树林的动物或植物的名字。其中有一张卡须写上“红树林”的字样，其他的卡片可以写上“泥水蝇”、“苍鹭”、“招潮蟹”、“水獭”和“人类”等。

第三步：将学生分成10～20人一组，围成圆圈，将动植物卡片分给每一位学生。

（续图）

第四步：让圆圈中的每一位学生代表他（她）手上卡片的物种。

第五步：从任一个学生开始，让他（她）将绳球传给认为与他手中卡片物种关系密切的另一位同学。例如“苍鹭”吃鱼，人吃“蚝”，白鹭在红树林树上筑巢，鱼在红树林根部产卵，等等。因此他们之间是相互关联的。

第六步：几分钟后大部分学生均在这个网中！手上握有“红树林”卡片的学生应该是与其他生物体连结最多的。

第七步：叫一声“停止”让学生轻轻地拉紧他们手中所握住的绳子，每位学生都会感到有点“绷紧”，因为他们在这个网上有其他人在握住绳子。

第八步：叫手中拿着“红树林”卡片的学生放开他所握的所有绳子，看看这个生态系统的其他部分发生了什么现象？

第九步：让学生讨论下列问题——从这个游戏中你能得出什么有关在红树林生态系统中各有机体内在联系的结论。

第十步：叫学生自己去设计一个其他栖息地有机体生物链的游戏。例如河流与湿地。是否在该生态系统中有机体也与红树林区域一样具有同样的相互关联？

习作6 这是什么鸟

确认鸟属于哪一种需要技术和实践。用双筒望远镜或单筒望远镜和一本野外指南会对你有所帮助。假如学校有这些设备，不要忘记将它们带到野外，这会使野外考察更为有效。利用望远镜仔细观察湿地上的鸟，如果可能的话选择一只离你比较近的鸟。试一试用下面的步骤将那只你看到的鸟画下来。在画鸟时你可以记下它的一些特征，然后用你画的鸟与书上的鸟对比一下，确定那是什么鸟。

画一只鸟不需要太繁琐。下面是从何处着手画鸟的一个简明思路，给你提供一个画鸟模式，使你能在它上面标明鸟的特征。你也可以修改这个模式，以便更好地表达你所要画的鸟。如改变一下翼膀、尾巴和头颈的形状，等等。

以下是你所观察到的鸟特征的清单，并将它标记在你的模板上。

大小　我所注视着的那只鸟有多大？用一般熟悉的鸟大小来进行对比，如燕子（小的鸟），椋鸟（中等大小的鸟）或野鸡（大鸟）。

羽毛颜色　大多数鸟在身体上下部有不同的颜色和模样。将其身体上不同部位的羽毛颜色描绘出来。

形状　所有的鸟均有不同的形状。注意看一下鸟的嘴形（短或长、向上或向下），脚形（长、短），翅膀（尖、圆），尾巴（尖状、分叉、楔形等）和颈部（长而细、S形、短而粗等）。将它的这些特征描绘下来。

软体部分的颜色　注意一下鸟嘴、腿、爪和眼睛周围皮肤的颜色，许多鸟类这几部分的颜色均很鲜明和各不相同。例如一种在湛江常见的鸟叫“Redshank”（红脚鹬），其意思是“红腿”，你猜一下这种鸟的腿是什么颜色的。

鸟的移动　许多鸟具有特殊的移动方式或飞行模式。例如在湛江常见的一种称为白鹡鸰的候鸟，它有很长的尾巴，当行走时尾巴会不断地摆动。

叫声或歌唱　许多鸟有不同的叫声或歌唱的声音。声音是很难描述的，你可以尽量试一下，以你认为最合适的方式将它记录下来。

栖息地　许多鸟种是在不同的“栖息地”上发现的，例如有的鸟栖息在红树林的树上，有的鸟是在潮滩上。记下你是在哪里看见它的。

身体部分　研究人员对鸟身体的不同部位会有不同的名称。可能的话可借助有关资料帮助你讲出鸟各部位的名称。

其他要点　最后记录下日期、时间、地点、天气状况和你观察的鸟在做什么。这将有助于你记住在什么地方，什么时间你看到这只鸟，它有什么行为，这对你以后确定那是什么鸟是有帮助的。

可以用下面的记录页来画你的鸟。

如何画一只鸟

可采用以下六个简单的步骤来画鸟：

1. 鸟从何处来的？

当然是从蛋孵化出来，因而先画一只蛋！

2. 在蛋的前面加上一只小蛋

3. 将这两只蛋连起来

4. 加一条尾巴

5. 然后画上翅膀

6. 加上腿，你已画出鸟的模样！

野外观鸟记录页

学生姓名：________________ 学校名称：________________________

日期：____________ 时间：__________ 地点：______________________

画出鸟的概貌和特征：

尾巴形状：	嘴形：	叫声描述：
栖息地类型：	行为：	鸟的大小：

天气情况：

习作7 难以回答的“两难”问题

以下的一些“两难"问题，你的答案是什么？

问　　题	正确	错误	不知道
1.保护环境仅仅是对后人有利			
2.人类活动将影响未来资源、社会和环境的变化			
3.个人行为对全球环境的影响是微不足道的			
4.也许一些发达国家曾走过的“先污染后治理”的模式在一些发展中国家也是适用的。因为在这些地区人们没有足够的钱来治理污染			
5.学校教育在治理全球污染方面基本上是没用的			
6.生产不发展便不会有环境问题。因此环境问题是伴随生产发展而产生的			
7.可持续发展的前提是经济得到发展，因此只有经济发展了，我们才能可持续发展			
8.湛江的经济正在飞速发展，住房、工业、港口的发展都需要土地。看来湛江的红树林是保不住了			
9.在一所大学里有一片美丽的夹竹桃树林。一天校长收到一位教授的来信，信中说那片夹竹桃林是日军占领该市时种下的，并作为占领该市的象征，因此应该砍掉。你对这位教授的意见有何看法			

习作8　放眼全球　从我做起

理念

开一个班级讨论会，讨论我们每个人在日常生活中应通过怎样的方式来改善湛江的环境。

步骤

- 活动开始时，告诉你的学生我们能为改善环境所做的一些事情。这可以包括我们如何倾倒垃圾，废物利用，节约用水，植树等一些小事，到更为复杂的行动，如通过签名活动和媒体的介入来保护湿地不受破坏等。如何改善拉姆萨湿地所在地的环境以及与其他国际团体交换信息等也可以在这里进行讨论。
- 谈论学生在日常生活中的行为，这些行为对环境的改善有什么重要意义。
- 将“我能为改善湛江的环境做些什么？”的习作页分发给学生，让每一位学生各自填写习作页。
- 每一位学生与其旁边的同学讨论他们所填写的习作页。讨论后让学生修改他们的习作页，补充一些新的想法。
- 把“将计划变成现实”习作页分发给学生，让他们填写他们的行动计划。之后让每一位学生汇报一下他的计划。
- 总结学生们制订的行动计划，让学生了解有许多方式会影响我们当地和世界的环境。

我能为改善湛江的环境做些什么

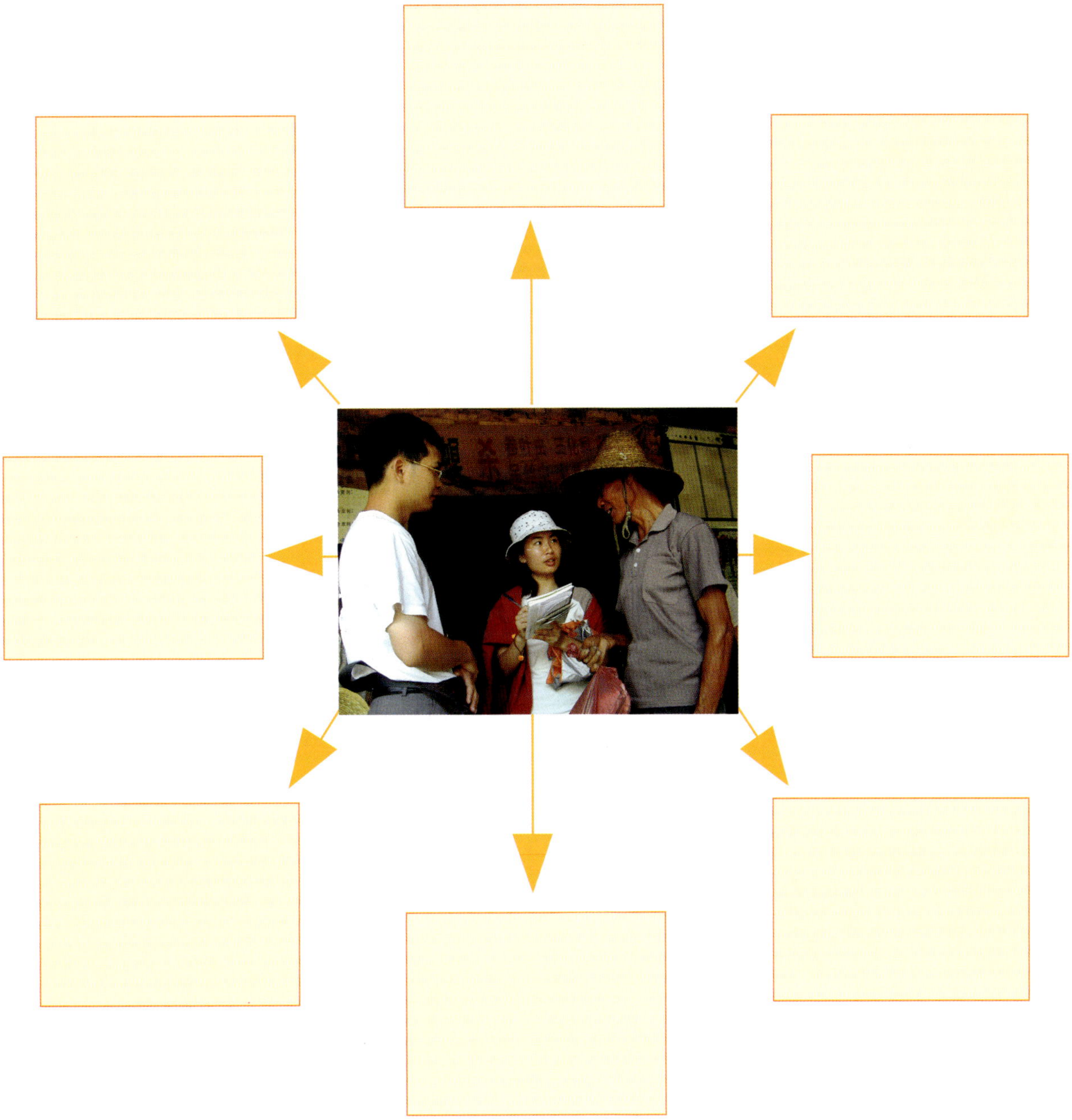

将计划变成现实——我的绿色行动计划

下周我将要：

1.

2.

3.

下个月我将要：

1.

2.

3.

今明两年内我将要：

1.

2.

3.

我将要告诉我的家人：

1.

2.

3.

参考文献

1. 米埔中学老师教材套.香港：世界自然（香港）基金会，1997

2. 李成业著.漫步水上森林.香港：天地图书有限公司，2003

3. 林鹏编.中国红树林生态系统.北京：科学出版社，1999

4. 郭智勇编著.台湾红树林自然导游.台湾:台北大树文化出版社，1995

5. Martin A.Keeley.Marvelous Mangroves in the Cayman Island.Cayman Island: Cayman Island Department of Education，2001

6. Michael Mastaller. Mangroves: the forgotten forest between land and sea. KualaLumpur: Art Printing Works Sdn. Bhd,1997